AF495219

Par l'abbé de Laporte

OBSERVATIONS SUR L'ESPRIT DES LOIX, OU L'ART DE LIRE CE LIVRE, DE L'ENTENDRE ET D'EN JUGER.

Par M. ***.

Quæ in nemora, aut quos agor in ſpecus?
Horat. Od. XIX. Lib. III.

Nouvelle Edition revuë & corrigée.

A GENEVE,
Chez ANTOINE PHILIBERT
Libraire au Perron.

M. DCC. LI.

AVIS.

LE *Livre de* l'Esprit des Loix *renferme de si grandes beautés, qu'on ne sçauroit trop exhorter le Public à le lire. Mais comme la méthode que l'Auteur a observée dans le cours de son Ouvrage, n'est point à la portée de la plûpart des Lecteurs; ou plûtôt, comme cet Ouvrage n'a point de méthode bien suivie, on a crû pouvoir le présenter sous un arrangement différent, pour en faciliter la lecture. On trouvera ici ce qu'il y a de plus beau, de plus agréable, de plus intéressant; ce qu'il y a de mieux dit, de mieux pensé dans tout le Livre. On a eu grand soin de ne rien omettre de ce qui peut donner une grande idée du génie noble & brillant de l'Auteur. Mais d'un autre côté on n'a point dissimulé les défauts de l'Ouvrage; & au milieu des plus beaux endroits, on a fait remarquer les taches considérables qui s'y trouvent. On ose se flatter qu'après avoir lû cette petite Brochûre, on connoîtra mieux le Livre dont elle rend compte, que si on lisoit le Livre même. On en sçaura mieux les beautés & les défauts, parce que les uns & les autres sont exposés ici dans tout leur jour.*

OBSER-

OBSERVATIONS SUR L'ESPRIT DES LOIX,

OU L'ART DE LIRE CE LIVRE, DE L'ENTENDRE ET D'EN JUGER.

QU'UN bon Livre, un Livre bien fait, tire de l'obscurité un Auteur inconnu, & donne de la célébrité à son nom, cela est dans l'ordre. Mais que le nom seul d'un Ecrivain célébre donne de la vogue à un Ouvrage défectueux, qu'on ait pour un Livre mal fait la même estime que pour son Auteur, c'est introduire dans le monde Litteraire les usages du monde politique; c'est attacher à la naissance des distinctions & des honneurs qui ne devroient être que le prix du mérite;

rite ; c'eſt accorder à des enfans, ſouvent pleins de défauts, des prérogatives & des hommages qui n'étoient dûs qu'à la vertu & aux belles actions de leur Pére. Une haute naiſſance n'eſt qu'un engagement à la gloire, elle ne la donne pas ; un livre n'en eſt donc que plus répréhenſible, lorſqu'en héritant du nom de celui qui l'a fait, il n'hérite point du mérite qui a rendu ce nom célébre ; la nobleſſe eſt pour l'Auteur, & la roture pour l'ouvrage. Que les Grands ſe vantent d'avoir des Princes & des Rois parmi leurs ancêtres ; s'ils n'ont point d'autre gloire que celle de leurs ayeux, ſi leurs titres ſont leurs uniques vertus, s'il faut rappeller les ſiécles paſſés pour les trouver dignes de nos hommages, ſi toute leur grandeur eſt dans leur nom, on oppoſe ſans ceſſe leur nom à leur perſonne, & le ſouvenir de leurs ayeux devient leur opprobre. De même, quand un ouvrage eſt ſorti des mains d'un grand homme, s'il n'eſt recommandable que par la réputation de ſon Auteur, ſi le nom de l'Ecrivain fait ſon principal mérite, s'il faut ſe rappeller ſes autres écrits pour trouver celui-ci digne de notre attention ; la comparaiſon qu'on en fait eſt juſtement ce qui le desho-

ho-

honore. J'avoue que tout le monde n'en jugera pas de même; il y aura des esprits superficiels qui se laisseront éblouir par la noblesse de son origine; & sur quelques traits de grandeur qu'ils y remarqueront, ou qu'ils croiront y remarquer, ils décideront hardiment que l'Ouvrage entier est incomparable, & qu'il mérite tous nos éloges. S'il arrive que ce même Livre renferme du bon & du mauvais en même tems, si la même page dément & justifie tout à la fois l'idée qu'on s'étoit faite de l'Auteur, c'est alors sur tout que des Lecteurs peu intelligens, qui d'un côté se sont laissés prévenir par la réputation de l'Ecrivain, & qui trouvent de l'autre de quoi justifier une partie de leur admiration, s'aveuglent très-aisément sur tout le reste. Quelqu'un plus éclairé vient-il ensuite pour leur désiller les yeux? Ils s'offensent du service qu'on veut leur rendre; la lumiére qu'on leur présente leur est odieuse, parce qu'elle leur fait voir le ridicule de leur préjugé; & ils aiment mieux admirer ce qu'ils ne comprennent pas, que de comprendre qu'ils se sont trompés. Voilà en particulier ce qui est arrivé à l'égard de *l'Esprit des Loix.*

Cet Ouvrage admirable, dont tout le monde parle, & que très-peu de gens connoiſſent, parce qu'il y en a très-peu qui ſçachent le lire, fait depuis long-tems le ſujet de tous les entretiens; tant il eſt vrai qu'on peut s'entretenir long-tems de ce que l'on entend le moins. Peut-être même eſt-ce parce qu'on ne l'entend pas qu'on en parle tant; faut-il donc s'étonner ſi on en parle mal? C'eſt pour rectifier là-deſſus les idées d'une infinité de gens, c'eſt pour les mettre en état de ſuivre l'Auteur dans ſa marche, toute irréguliere qu'elle eſt; ou plûtôt, c'eſt pour corriger l'irrégularité de cette marche, & apprendre ce qu'il y a à louer ou à condamner dans ce Livre, que j'entre dans l'examen de toutes les parties qui le compoſent. Je ſens à quoi m'engage une pareille entrepriſe; dans quelles forêts, dans quels antres me tranſporte un ſemblable deſſein?

Quæ in nemora, aut quos agor in ſpecus?

J'entre dans un labyrinthe où l'on ne remarque aucune iſſuë. Les ſentiers en ſont extrémement étroits; encore y trouve-t-on à chaque pas une infinité de plantes étrangéres qu'on eſt obligé d'arracher pour

pour ſe former un paſſage. On ſent quelquefois que l'on marche dans des chemins déja frayés ; mais tout-à-coup on ſe voit arrêté par des rochers eſcarpés, ou par des précipices dont il eſt impoſſible d'appercevoir la profondeur. D'autrefois on eſt tranſporté au milieu d'une riante campagne, dans une prairie émaillée, où mille petits ruiſſeaux ſerpentent agréablement entre les fleurs ; on eſt tout ſurpris enſuite, après avoir traverſé ces différentes routes, de ſe retrouver dans des chemins qu'on croyoit avoir quittés. Car voilà le caractére de cet ouvrage ; il faut aller chercher quelquefois à la fin du ſecond & du troiſiéme volume, la ſuite de ce qu'on avoit commencé à lire dans le premier, & le plus ſouvent ce qui précéde n'a aucun rapport avec ce qui ſuit. Rien n'eſt à ſa place dans ce Livre ; & les plus belles choſes y perdent leur prix, parce qu'elles n'y ſont preſque jamais expoſées dans le point de vûe qui leur eſt propre. L'obſcurité y régne par-tout & juſques dans les titres mêmes, dont la plûpart n'annoncent pas toujours ce que le chapitre renferme. Prenons, par exemple, celui qui eſt à la tête de tous les autres, *de l'Eſprit des Loix*. Que ſignifie ce titre dans le ſens de l'Auteur ?

teur ? Je n'ai encore trouvé personne qui ait sçû me le dire. M. de M. appelle les Loix, *des rapports qui dérivent de la nature des choses.* L'Esprit des Loix est donc l'esprit de ces raports ? Cela est-il bien clair ? Cela donne-t-il une idée nette de l'Ouvrage ? On dit communément l'esprit d'un Etat, d'un Corps, d'un Gouvernement, d'une Réligion ; & l'on entend par-là le principe qui y fait agir, les vûes qu'on s'y propose, le but auquel on vise. On dit encore l'esprit d'un Arrêt, d'un Réglement, d'une Ordonnance, pour signifier leur vrai sens, ou les motifs qui y ont donné lieu. Il semble donc que par *l'Esprit des Loix* on devroit entendre aussi l'intention qu'ont eue les Législateurs qui les ont établies, & les raisons qui les ont fait recevoir. C'est proprement là ce que paroît annoncer d'abord le titre de ce Livre ; mais ce n'est pas tout-à-fait ce que l'Ouvrage contient, ni ce que l'Auteur lui-même a entendu. C'est plûtôt ici un Recueil de réflexions sur la constitution des Etats, sur leur nature, leurs principes, leurs mœurs, leur climat, leur étendue, leur puissance ; sur les causes de leur établissement, de leur progrès, de leur conservation, de leur décadence, de leur ruine.

On

On y parle en particulier de chaque sorte de gouvernement, de ce qui en forme l'esprit & le caractére; des récompenses qu'on y propose, des peines qu'on y décerne, des vertus qu'on y pratique, des fautes qu'on y commet, de l'éducation qu'on y donne, du luxe qui y régne, de la monnoye qui y a cours, de la Réligion qu'on y professe. On y compare le commerce d'un peuple avec celui d'un autre; celui des anciens avec celui d'aujourd'hui; celui d'Europe avec celui des trois autres parties du monde. On y examine quelles Réligions, quelles Loix conviennent mieux à certains climats, à certains Gouvernemens. Voilà ce que l'Auteur appelle *l'Esprit des Loix*, & ce que je nommerois plus volontiers l'Ame du monde, ou le Tableau Moral de l'univers.

Bien des gens regardent ce Livre comme le meilleur qui ait paru depuis longtems. Je crois que c'est le plus curieux, le plus étendu, le plus intéressant; mais ce n'est pas le mieux fait. Le plus curieux; puisqu'il a pour objet les Loix, les Coutumes & les divers usages de tous les peuples de la terre. Le plus étendu; puisqu'il embrasse toutes les Institutions qui sont reçues parmi les hommes. Le plus intéressant;

ſant; puiſque l'Auteur examine les pratiques qui conviennent le plus à chaque Société; qu'il en cherche l'origine, qu'il en découvre les cauſes, qu'il en expoſe les effets. L'idée, comme on voit, en eſt admirable, & l'on y trouve d'ailleurs une infinité de grands traits, d'images frappantes, de penſées neuves, de réflexions profondes qui prouvent bien certainement que l'Auteur eſt un grand homme; mais qui ne ſuffiſent pas tout-à-fait pour faire un bon ouvrage. On ſouhaiteroit qu'il y eût plus de choix dans les matiéres, de méthode dans la diſtribution, de netteté dans le ſtyle, de clarté dans les penſées, & ſurtout plus de juſteſſe dans les raiſonnemens; moins de liberté, de paradoxes, de longueurs même dans bien des endroits. Enfin, l'Auteur a imaginé un très bon Livre qu'il a mal exécuté. Entrons dans le détail, & tâchons de mettre dans cet Extrait un peu plus d'ordre qu'il n'y en a dans tout le Livre.

Pour procéder avec méthode à l'examen de cet Ouvrage, je me garderai bien de m'engager dans la route que l'Auteur a ſuivie; c'eſt un labyrinthe d'où je ne ſortirois jamais. Son Livre eſt diviſé en cinq-cent quatre-vingt-treize Chapitres, qui ne ſervent

vent qu'à y répandre la confusion, & à jetter de l'embarras dans l'esprit des Lecteurs. Je réduirai à cinq articles principaux, ou plutôt je réunirai sous cinq points de vûe différens, les diverses matiéres qui sont renfermées dans ces trois volumes. Je parlerai d'abord de ce qui regarde la Réligion; ensuite de la Morale; en troisiéme lieu, de la Politique; quatriémement de la Jurisprudence; & je finirai par ce qui concerne le Commerce. Je ne considérerai tout cela que par rapport au climat & au gouvernement. L'Auteur lui-même paroît n'avoir envisagé que ces deux rapports; il semble donc, que pour donner à cet ouvrage décousu la liaison qui lui manque, il n'y avoit qu'à le diviser en cinq parties seulement, & faire voir quelle est la Réligion, la Morale, la Politique, la Jurisprudence & le Commerce qui conviennent davantage à chaque climat, à chaque sorte de Gouvernement. Par cette division simple, claire, naturelle, le Lecteur eût vû du premier coup d'œil ce qu'il n'apperçoit qu'avec bien de la peine, ce que l'Auteur lui-même semble avoir voulu cacher. Quoi qu'il en soit, il est certain que c'est là principalement ce que renferme le Livre de l'Esprit des Loix; c'est à ces cinq objets qu'on peut rap-

rapporter ce qui se trouve dispersé sans ordre dans tout le cours de cet Ouvrage. Voilà du moins l'idée que je m'en suis formée moi-même. Voilà sous quel aspect j'ai crû devoir le présenter au public.

ARTICLE I.

LA RELIGION,

Considerée par rapport au climat & au Gouvernement.

L'AUTEUR de l'*Esprit des Loix*, qui ne se donne point pour Théologien, ne parle ici de la Religion, que comme Philosophe. Ce n'est que comme Philosophe non plus, que j'éxaminerai ses principes ; & si j'en trouve quelques-uns qui me paroissent contraires aux idées de la raison, je ne me servirai que de ces mêmes idées pour les combattre.

L'Auteur, sans entrer d'abord dans le détail des Religions particuliéres, prétend que la Réligion en général a plus de force & plus d'influence dans les Etats despotiques, que dans les Monarchies. Dans les premiers, dit-il, elle est la seule chose qu'on puisse opposer à la volonté

lonté du Prince. » On abandonnera son » Pére, on le tuera même, si le Prince » l'ordonne; mais on ne boira pas de » vin, s'il le veut & s'il l'ordonne. Les » loix de la Réligion sont d'un précepte » supérieur, parce qu'elles sont données » sur la tête du Prince, comme sur cel- » le des sujets; mais quant au droit na- » turel, il n'en est pas de même; le Prin- » ce est supposé n'être plus un homme.

L'Auteur suppose lui-même ici une chose fausse, sçavoir, que la Réligion qui interdit l'usage du vin, ne reprouve pas aussi le parricide, & que Mahomet en prescrivant à ses peuples la sobrieté & la tempérance, ne leur a pas défendu en même-tems, & sous des peines encore plus griéves, d'être injustes, cruels & inhumains envers leurs Péres. N'est-ce pas vouloir confondre toutes les idées, que de ne pas reconnoître comme loi de Réligion, ce que toutes les Religions du monde ont toujours regardé comme une de leurs loix les plus sacrées? Certainement il n'est pas plus permis dans la Réligion Mahomérane, que dis-je? Il est cent fois plus défendu d'attenter à la vie de son Pére pour obéir aux caprices de l'Empereur, que de boire du vin; & un fils qui refuseroit feroit de commettre un parricide qui lui feroit ordonné par le Prince, ne feroit que se conformer à un des premiers préceptes de sa loi. N'est-ce pas une chose singuliére qu'on fasse principalement consister la loi de Mahomet à s'abstenir de vin? c'est comme si l'on vouloit réduire tous les devoirs d'un chrétien à jeûner pendant le carême. S'il y a des gens à Constantinople, qui se feroient un scrupule d'en boire, & qui ne s'en feroient pas un de tuer leur Pére, surtout si leur fortune ou l'ordre du Souverain l'exigeoient, ce sont de faux dévots, comme on en voit partout; & le Prince & le sujet agiroient également contre leur Réligion, l'un en ordonnant le parricide, l'autre en le commettant.

Mais sur quoi se fonde l'Auteur, lorsqu'il prétend que la Réligion a plus de force dans les Etats despotiques, que dans les Monarchies? C'est, dit-il, parce qu'elle est l'unique chose qu'on puisse opposer à la volonté du despote. Mais pourquoi cette puissance étant seule, est-elle plus forte que si elle étoit accompagnée de celle des loix? Deux pouvoirs réunis ne se soutiennent-ils pas mutuellement? & n'est-ce pas par cette union-là même

même qu'ils acquierent une nouvelle force? D'ailleurs, dans un Etat où l'on ne ménage rien, où l'on abuse de tout, on ne respecte pas plus la Réligion que tout le reste. Dans les Monarchies au contraire on a pour les loix du respect & de la soumission ; à plus forte raison en aura-t-on aussi pour la Réligion qui est la premiére & la plus respectable de toutes les loix. L'Auteur est néanmoins d'un sentiment bien opposé; car il dit expressément qu'un » Courtisan se croiroit » ridicule dans une Monarchie, d'allé-» guer au Prince les loix de la Religion. » Mais le grand *Racine* a-t-il paru ridicule au Parterre François, lorsqu'il a introduit sur notre Théâtre un Courtisan qui adresse ces paroles à une Reine?

Du Dieu que nous servons tel est l'ordre éternel.
Eh! quoi, vous de nos Rois & la femme & la Mére,
Etes-vous à ce point parmi nous étrangere?
Ignorez-vous nos Loix?

Voilà un Courtisan, qui, dans une Monarchie ne rougit point d'alléguer à sa Souveraine les loix de sa Religion. J'avoue que tandis qu'Abner parle ainsi à

Athalie, un autre tient à cette Reine un langage tout différent.

Eſt-ce aux Rois à garder cette lente juſtice!
Leur ſûreté ſouvent dépend d'un prompt ſupplice.
N'allons point les gêner d'un ſoin embarraſſant,
Dès qu'on leur eſt ſuſpect, on n'eſt plus innocent.

C'eſt un Prêtre qui parle de la ſorte; mais l'homme de Cour qui l'entend, bien loin de lui applaudir, en eſt indigné, & il ne croit pas que ce ſoit une choſe ridicule pour lui, quoique dans une Monarchie, de rappeller à ce mauvais Pontife, en préſence de la Reine, les devoirs de ſon état & de ſa Religion.

Hé quoi, Mathan? d'un Prêtre eſt-ce-là le langage?

Si quelqu'un de ces deux hommes doit rougir, c'eſt le Prêtre qui oublie ſon état, plutôt que le Courtiſan qui l'y rappelle.

De la Réligion en général, paſſons aux Réligions différentes qui ſont dans l'univers. Il y en a deux principales qui partagent preſque aujourd'hui le monde entier; la Chrétienne & la Mahométane.

» La Réligion Chrétienne, dit l'Auteur, » eſt éloignée du pur deſpotiſme; c'eſt que » la douceur étant ſi recommandée dans » l'E-

» l'Evangile, elle s'oppose à la colere » despotique avec laquelle le Prince se fe- » roit justice, & exerceroit ses cruautés.

» Cette Réligion defendant la pluralité » des femmes, les Princes y sont moins » renfermés, moins séparés de leurs sujets, » & par conséquent plus hommes : ils sont » plus disposés à se faire des Loix & plus » capables de sentir qu'ils ne peuvent pas » tout.

» Pendant que les Princes Mahométans » donnent sans cesse la mort ou la reçoi- » vent, la Religion chez les Chrétiens rend » les Princes moins timides, & par con- » séquent moins cruels.

» C'est la Religion Chrétienne, qui mal- » gré la grandeur de l'Empire & le vice » du climat, a empêché le despotisme de » s'établir en Ethiopie, & a porté au mi- » lieu de l'Afrique les mœurs de l'Euro- » pe & ses Loix.

» La Réligion Mahométane, qui ne » parle que de glaive, agit encore sur » les hommes avec cet esprit destructeur » qui l'a fondée.

Dans les Etats despotiques, pour adou- cir & temperer le pouvoir arbitraire, » il » convient qu'il y ait quelque livre sacré » qui serve de régle, comme l'Alcoran

» chez les Arabes, les livres de Zoroaſtre
» chez les Perſes, &c. Le Code Religieux
» ſupplée au Code civil & fixe l'arbitrai-
» re. Il n'eſt pas mal que dans les cas dou-
» teux, les Juges conſultent les Miniſtres
» de la Religion : auſſi en Turquie les Ca-
» dis interrogent-ils les Mollachs.

Sur tout ceci, voici comme je raiſonne : s'il eſt vrai, comme l'Auteur le dit, & comme l'on ne doit pas en douter, que la Religion Chrétienne ſoit ſi douce & le deſpotiſme ſi cruel ; s'il eſt vrai encore que la Religion Mahométane ne parle que de glaive, de maſſacre, de deſtruction : enfin, & c'eſt ici le point capital ſur lequel tombe mon raiſonnement ; s'il eſt vrai que ce ſoit à la Religion à adoucir & à temperer le pouvoir arbitraire, bien loin de conclure comme fait l'Auteur, que le Mahométiſme ſoit plus convenable que l'Evangile au Gouvernement deſpotique ; je tire une conſéquence toute contraire, & je dis que c'eſt la Religion Chrétienne qui convient mieux que l'autre à la dureté de ce Gouvernement. Qu'on ſe ſouvienne au moins que c'eſt toujours dans les principes de l'Auteur que je raiſonne. En effet, laquelle de ces deux Religions eſt la plus capable d'adoucir le pouvoir arbitraire,

re,

re, ou celle qui ne parle que de glaive & de destruction, ou celle dont la morale est si douce & si bienfaisante? celle dont la sévérité favorise la cruauté du Souverain, ou celle dont la douceur s'oppose continuellement à sa tyrannie? Celle qui rend les Princes plus humains en les tenant moins séparés de leurs sujets, ou celle qui en les rendant plus timides, les rend par conséquent plus cruels? C'est une façon bien singuliére de temperer le pouvoir excessif du despotisme, que de lui mettre en main un nouveau moyen de satisfaire sa barbarie, & de consacrer, pour ainsi dire, par la Religion, toutes les inhumanités de son Gouvernement. Comment peut-on écrire des choses si contradictoires? Et comment est-il arrivé que la plûpart des Lecteurs ne les ayent pas senties?

Ce n'est pas encore là tout: & je prétends non-seulement que l'Auteur s'est contredit; mais je soutiens de plus actuellement que ce caractére de sévérité qu'il donne partout à la Religion de Mahomet ne lui convient en aucune maniére. Elle ne parle, dit-il, que de glaive; cela est vrai; mais ce n'est que contre ses ennemis qu'elle veut qu'on l'emploie, & non pas contre ceux qui la professent.

Mahomet a ordonné à ses disciples de ne pas épargner la tête de quiconque voudroit leur persuader de quitter sa loi pour en embrasser une autre. Mais il leur a en même tems très-sévérement défendu de se nuire mutuellement. Il n'a point permis aux Princes ses successeurs de tremper injustement leurs mains dans le sang de leurs sujets; & il n'y a aucun dogme de sa Religion qui autorise les cruautés & les injustices à l'égard de ceux qui y sont soumis. L'Auteur a parlé des Mahométans selon les idées populaires; & il les représente toujours le bras levé, le sabre à la main, uniqnement occupés à couper des têtes. Il fait plus, & c'est dans leur Religion même qu'il croit découvrir la cause de cette prétendue barbarie. Je conviens que cette Religion est fausse, insensée, ridicule; mais il ne s'ensuit pas qu'elle soit cruelle, barbare, inhumaine envers ses sectateurs. Toute fausse qu'elle est, elle peut être trés douce dans sa morale; cela n'est point du tout incompatible. L'auteur lui-même n'en disconvient pas, & il est étonnant qu'il ait si-tôt oublié ce qu'il avoit dit ailleurs; sçavoir que » dans un pays où l'on a le malheur d'a- » voir une Religion que Dieu n'a pas don- » née,

» née, il est toujours nécessaire qu'elle s'ac-
» corde avec la morale ; parce que la Reli-
» gion, même fausse, est le meilleur ga-
» rant que les hommes puissent avoir de la
» probité des hommes. Aussi, continue-il,
» les points principaux de la Religion de
» ceux du Pégu, sont de ne point tuër, de
» ne point violer, de ne faire aucun dé-
» plaisir à son prochain, de lui faire au
» contraire tout le bien qu'on peut. Avec
» cela, ils croyent qu'on se sauvera dans
» quelque Religion que ce soit. Ce qui
» fait que ces peuples, quoique fiers &
» pauvres, ont de la douceur & de la com-
» passion pour les malheureux.

Pourquoi n'en feroit-il pas de même des Mahométans ? Pourquoi faire tomber sur leur Religion les cruautés de leur Gouvernement ? Pourquoi la rendre odieuse, tandis qu'elle n'est que ridicule ? J'avoue bien encore une fois qu'il y a parmi eux, comme par tout ailleurs, de faux dévôts, des esprits superstitieux, des hypocrites qui se servent de son nom pour autoriser leur fureur ; & qui croyent rendre gloire à Dieu en persécutant leur fréres.

L'amour de mon devoir & de ma nation, *
Et ma reconnoissance & ma *Religion*,

* M. de Voltaire.

Tout ce que les humains ont de plus respectable,
M'inspira des forfaits le plus abominable.

Tel est le langage d'un Fanatique Musulman; mais un Disciple éclairé de Mahomet le désapprouve. Poursuivons.

La Religion Chrétienne est divisée en plusieurs partis : les principaux sont les Catholiques & les Protestans. Les Catholiques, dit l'Auteur, s'accommodent mieux de l'Etat Monarchique; le Gouvernement Républiquain convient davantage à la Religion Protestante. Mais je demande; sur quoi tout cela est-il fondé, & ne pourroit-on pas soutenir également l'opinion contraire? car enfin quelles sont les preuves que l'Auteur apporte pour établir son sentiment? Les voici, & l'on en jugera.

» Quand la Religion Chrétienne souffrit, il y a deux siécles, ce malheureux » partage qui la divisa en Catholique & en » Protestante, les peuples du Nord em» brassérent la Protestante, & ceux du Mi» di gardérent la Catholique. C'est que les » peuples du Nord ont & auront toujours » un esprit d'indépendance & de liberté » que n'ont pas les peuples du Midi; & » qu'une Religion qui n'a point de chef » visible, convient mieux à l'indépen» dan-

» dance du climat que celle qui en a un.

Voilà en vérité des raisons bien singuliéres ! & moi je dis que si les pays du Nord sont devenus Lutheriens, si ceux du Midi sont restés Catholiques, si une partie de la Suisse est devenue Calviniste, c'est uniquement parce que *Luther* & *Calvin* ont prêché leur doctrine en Suisse & en Allemagne, & qu'ils n'ont point pénétré vers le Midi de l'Europe. Pourquoi n'y ont-ils point pénétré ? c'est par la raison toute simple que *Luther* étoit un Allemand & *Calvin* un François refugié en Suisse. L'un est resté dans son pays, parce qu'il y trouvoit de la protection ; l'autre a quitté le sien, parce qu'il n'y trouvoit point sa sûreté. Si *Luther* eût débité ses erreurs en Italie ou en Espagne, & que l'Inquisition n'y eût point été établie, l'Espagne & l'Italie seroient peut-être Protestantes aujourd'hui comme la Saxe & le Brandebourg. *Calvin* s'est sauvé en Suisse, & il y a enseigné ses opinions ; la Suisse est devenue Calviniste ; cela est bien simple ; & la même chose eût fort-bien pû arriver, quand même les Cantons eussent formé un Etat Monarchique. Pourquoi non ? La Suéde, le Dannemark, l'Angleterre, les Electorats de Saxe, de Brandebourg, d'Hanovre formoient-ils des Républiques, lorſqu'ils ont embraſſé les nouvelles opinions ? & depuis qu'ils ſont devenus Proteſtans, ont-ils ceſſé d'être gouvernés par des Souverains ? D'ailleurs les Républiques de Pologne, de Veniſe, de Genes, de Luques, de Saint Marin, de Raguſe, ne ſe ſont-elles pas toujours parfaitement accommodées de la Religion Catholique ? aucune d'elles a-t-elle jamais crû qu'il lui convînt mieux de ſe faire Proteſtante, à raiſon de la forme de ſon Gouvernement ? En vérité, il eſt bien étonnant, que parmi les ſept ou huit Républiques que nous avons en Europe, il n'y en ait que deux ou trois qui ayent adhéré aux ſentimens de *Luther* & de *Calvin*, tandis qu'elles avoient toutes un ſi grand intérêt à les ſuivre ! plus étonnant encore, que parce que ces deux ou trois les ont ſuivis, on vienne nous dire ſérieuſement, que la Religion Proteſtante eſt celle qui convient le mieux à toutes les Républiques ! Il n'eſt pas douteux, qu'un peuple libre & accoutumé à l'indépendance, comme ſont les Républicains, ne s'accommode toujours mieux de la Religion qui le gêne le moins, & que, par cette raiſon, il doit, humainement parlant, préférer la Proteſtante à la Ca-

tho-

tholique. Mais d'un autre côté on tireroit contre l'Auteur une conſéquence tout-à-fait oppoſée à un de ſes principes. Car s'il eſt vrai, que la Religion la plus commode eſt celle qui s'accorde le mieux avec le Gouvernement le plus libre, il faut qu'il convienne néceſſairement, que l'Etat le plus deſpotique doit être auſſi le plus diſpoſé à recevoir la Religion la plus gênante, la plus contraire à nos plaiſirs, la moins conforme à nos goûts, à nos penchans, à nos inclinations; en un mot, la Religion Chrétienne. Cette conſéquence, comme on voit, combat directement ce principe qu'il a avancé plus haut; ſçavoir, que *le Gouvernement moderé convient mieux à la Religion Chrétienne; & le Gouvernement deſpotique à la Mahométane.*

M. de M. a dit dans un endroit de ſa Préface, que plus on réfléchira ſur les détails de ſon Livre, plus on ſentira la certitude de ſes principes. Tout le contraire m'eſt arrivé en le liſant. Ses principes m'avoient paru vrais au premier coup d'œil; au premier coup d'œil j'avois cru, par exemple, que la Religion Catholique convenoit mieux au Gouvernement Monarchique que la Proteſtante, parce que je conſiderois la choſe dans ſa nature; & voi-

ci

ci quel étoit mon raisonnement : dans une Monarchie, c'est un homme seul qui gouverne ; la Religion Catholique n'est soumise également qu'à un chef : les Républicains aiment la liberté, & la liberté est plus grande dans la Religion Protestante que dans la nôtre : de là je concluois qu'en effet, l'Etat Monarchique s'accommodoit mieux de nôtre Religion, & que l'autre convenoit d'avantage à une République. Mais après avoir réfléchi sur les détails dans lesquels l'Auteur est entré à ce sujet ; après avoir examiné attentivement ses raisons, j'ai commencé à croire que ce principe étoit faux ; & que la Religion Catholique convenoit également bien à l'un & à l'autre Gouvernement.

Avant d'aller plus loin & de considerer le rapport qu'a la Religion avec le climat, il est bon, pour délasser le Lecteur, de rapporter ici quelques endroits choisis de ce Livre ; ils feront toujours connoître de plus en plus le génie brillant & sublime de l'Auteur.

» L'homme pieux & l'Athée parlent toujours de la Religion ; l'un parle de ce » qu'il aime, & l'autre de ce qu'il craint.

» Quand il seroit inutile que les sujets » eussent une Religion, il ne le seroit pas » que

» que les Princes en eussent, & qu'ils blan-
» chissent d'écume le seul frein que ceux
» qui ne craignent pas les loix humaines
» puissent avoir. Un Prince qui aime la
» Religion & qui la craint, est un lion
» qui céde à la main qui le flatte, ou à
» la voix qui l'appaise. Celui qui craint
» la Religion & qui la hait, est comme
» les bêtes sauvages qui mordent la chaî-
» ne qui les empêche de se jetter sur ceux
» qui passent. Celui qui n'a point du tout
» de Religion, est cet animal terrible qui
» ne sent sa liberté que lorsqu'il déchire
» & qu'il dévore.

» Le soin que les hommes doivent avoir
» de rendre un culte à la Divinité, est
» bien différent de la magnificence de ce
» culte. Ne lui offrons point nos trésors,
» si nous ne voulons lui faire voir l'esti-
» me que nous faisons des choses qu'elle
» veut que nous méprisions.

» Nous sommes extrémement portés à
» l'idolatrie, & cependant nous ne som-
» mes pas fort attachés aux Religions ido-
» lâtres; nous ne sommes guères portés
» aux idées spirituelles, & cependant nous
» sommes très attachés aux Religions qui
» nous font adorer un Etre spirituel. Ce-
» la vient de la satisfaction que nous trou-

» vons

» vons en nous-mêmes, d'avoir été assez » intelligens pour avoir choisi une Reli- » gion, qui tire la Divinité de l'humilia- » tion où les autres l'avoient mise.

» Les Mahométans ne seroient pas si » bons Musulmans, si d'un côté il n'y » avoit pas des peuples idolâtres qui leur » font penser qu'ils sont les vengeurs de » l'unité de Dieu; & de l'autre des Chré- » tiens, pour leur faire croire qu'ils sont » l'objet de ses préférences.

» Les hommes sont extrémement por- » tés à espérer & à craindre; & une Re- » ligion qui n'auroit ni enfer ni paradis, » ne sçauroit guère leur plaire.

» Lorsque le culte extérieur a une gran- » de magnificence, cela nous flatte, & » nous donne beaucoup d'attachement pour » la Religion. Les richesses des Temples » & celles du Clergé nous affectent beau- » coup. Ainsi la misere même des peu- » ples est un motif qui les attache à cette » Religion, qui a servi de prétexte à ceux » qui ont causé leur misére.

Entrons dans la seconde partie de cet article, pour voir quel rapport l'Auteur de *l'Esprit des Loix* trouve entre la Religion & le climat.

Si je prenois ici la qualité de Théologien,

gien, je dirois à M. de M. que la Religion Chrétienne doit être celle de tous les hommes, de tous les pays, de tous les climats. Que Jesus-Christ en ordonnant à ses Apôtres d'aller annoncer son Evangile, ne leur a point dit : vous n'irez qu'en France, qu'en Allemagne, en Angleterre, en Italie, en Portugal & en Espagne, parce qu'il n'y a que ces pays-là, où il ne fasse ni trop chaud, ni trop froid, pour être Chrêtien. Mais il leur a dit : Allez & parcourez toute la terre ; *ite in mundum universum.* Prêchez à tous les peuples du monde la loi que vous professez. Annoncez-là aux Nations qui habitent sous la Zône torride, & à celles qui sont les plus voisines des Pôles. Les unes & les autres sont également intéressées à me connoître ; & quelle que soit la température de l'air qu'elles respirent, dites leur qu'il n'y a point de salut pour elles, si elles refusent de nous reconnoître, vous pour mes Ministres, & moi pour leur Dieu. Tel est le raisonnement dont je me servirois, s'il m'étoit permis d'employer contre un Philosophe les armes que la Religion me fournit. Mais ce n'est qu'à la Philosophie que je veux avoir recours, c'est-à-dire à la raison. Elle ne sera peut-être pas plus favoravorable aux principes de l'Auteur, que la Religion même. Voici d'abord deux propositions que je tire de son Livre.

» L'ancienne Religion s'accorde avec le » climat, & souvent la nouvelle s'y refuse.

» Il semble, humainement parlant, que » ce soit le climat qui a prescrit des bor» nes à la Religion Chrétienne & à la Re» ligion Mahométane.

Je remarque d'abord dans la premiére de ces deux Propositions une contradiction manifeste avec la seconde; & c'est là un défaut dans lequel l'Auteur tombe assez souvent, comme on le verra dans la suite. Car qu'on lui demande quelle étoit en Asie l'ancienne Religion, lorsque celle de Mahomet y prit naissance? Il faudra bien qu'il convienne nécessairement que c'étoit la Religion Chrétienne. Donc, selon ses principes, c'étoit à elle, comme étant la plus ancienne, à s'accorder au climat, plûtôt qu'à la Mahométane. Cependant, tout le contraire est arrivé, & la Religion Chrétienne, malgré son ancienneté, faute de pouvoir s'accorder avec le climat, a été obligée de céder sa place à l'autre. Voilà donc le climat qui se déclare présentement pour la nouvelle Religion au préjudice de l'ancienne; lui qui devoit, il n'y a qu'un moment,

moment, préférer toujours l'ancienne à la nouvelle.

Outre cette contradiction qui me paroît bien ſenſible, je découvre encore dans la ſeconde propoſition que je viens de rapporter, un défaut de raiſonnement qui étonne. L'Auteur prétend que c'eſt le climat qui a preſcrit des bornes à la Religion Chrétienne & à la Religion Mahométane; qu'il n'y a que les pays que ces deux Religions occupent actuellement, qui leur conviennent à l'une & à l'autre; & que par tout ailleurs elles ne pourroient pas ſubſiſter long-tems. Eſt-il poſſible que l'Auteur ait ignoré l'Hiſtoire des ſix premiers ſiécles de l'Egliſe? Il faut bien le croire, ſans doute, puiſque s'il en avoit eu la plus legére connoiſſance, il auroit vû que jamais la Religion Chrétienne n'a été plus floriſſante que dans le tems qu'elle habitoit les plus belles Provinces de l'Aſie. C'eſt alors,

Qu'on les vit ces Chrétiens rempliſſant tour à tour *,
Les devoirs inſpirés par le céleſte amour.
Aucun ne ſe plaignoit de ſa propre miſére,
Et ne s'intéreſſoit qu'aux malheurs de ſon frére.
L'un, par de ſaints diſcours, préparoit à la mort
Un ami dont les maux alloient finir le ſort.

 Un

* *Campiſtron.*

Un autre, pour couvrir un vieillard vénérable,
S'exposoit aux rigueurs de l'air impitoyable;
Les péres au martyre encourageoient leurs fils,
Prêts à voir leur trépas sans en être attendris.
Des corps déja mourans & couverts de blessures,
Se sentoient soulagés par les mains les plus pures.
Des Vierges à l'envi, par ces actes pieux,
Prudentes s'assuroient l'héritage des cieux;
Et répétant des chants inventés par les Anges,
De l'Eternel sans cesse entonnoient les louanges.

Est-il un endroit sur la terre, où la Religion Chrétienne ait paru avec plus d'éclat, où elle ait produit des fruits plus excellens, que dans ces mêmes climats, avec lesquels cependant on veut nous faire accroire qu'elle ne sçauroit s'accorder? Ils s'en sont bien accommodés pendant plus de six-cens ans; pourquoi donc ne s'en accommoderoient-ils pas encore aujourd'hui? D'ailleurs, est-il un pays dans le monde qui convienne mieux à la Religion Chrétienne, que celui où elle a pris naissance? L'air qu'elle respire lui est naturel; & si le climat lui a été favorable dans le tems qu'elle étoit encore foible, & qu'elle pouvoit à peine se soutenir; pourquoi lui seroit-il devenu contraire lorsqu'elle y fut plus solidement établie? Ah! c'est qu'auparavant le partage des terres n'avoit pas été fait; le climat ne lui avoit point encore assigné ses limites.

Mais

Mais rien n'eſt plus bizarre, rien n'eſt plus inconſtant que le climat ; celui du Jourdain voulut eſſayer de toutes les Religions : d'abord il favoriſa l'idolatrie ; enſuite il protegea la Loi de Moïſe ; après-quoi il s'accorda avec la Religion Chrétienne ; & aujourd'hui il s'accommode mieux de celle de Mahomet. N'importe, malgré toutes ces variations, on veut le faire ſervir de régle à la choſe du monde qui doit le moins varier.

En Norvége le climat eſt froid, on y eſt vêtu de peau. Chez nous où il eſt tempéré, on eſt habillé de ſoye ou de laine. Aux Indes il fait plus chaud, on y porte des habits de toile ou de coton. Dans les endroits où la chaleur eſt exceſſive, on n'en porte point du tout. On veut qu'il en ſoit de même de la Religion, qu'on en change ſelon les climats ; pourquoi pas auſſi ſelon les ſaiſons ? On dira donc bien-tôt la Religion d'hyver, la Religion d'été.

Voici de quelle maniére M. de M diſtribue les différentes Religions. Il met la Mahométane en Aſie, la Chrétienne en Europe ; il place la Proteſtante au Nord, la Catholique au Midi ; c'eſt-à-dire, qu'étant ainſi placées, il cherche dans la nature du climat, les cauſes de cette dispofition. Un autre diroit tout fimplement, que fi l'Europe n'eft pas Mahométane comme l'Afie, c'eft que Mahomet étoit en Afie & non pas en Europe; cette raifon eft naturelle & vraie; mais elle n'a pas le mérite de la nouveauté; il ne faut pas beaucoup d'efprit pour la découvrir; tout le monde eft bon pour cela : au lieu que cette influence du climat eft une découverte ingénieufe qui ne peut être attribuée qu'à la pénétration d'efprit de l'Auteur. Quoi de plus fatisfaifant que de trouver dans chaque chofe des rapports auxquels perfonne n'a jamais penfé? Quoi de plus ingénieux, par exemple, que ce qui fuit.

» L'opinion de la métempfycofe eft faite pour le climat des Indes. L'exceffive chaleur brûle toutes les campagnes, » on n'y peut nourrir que très peu de bêtail; on eft toujours en danger d'en » manquer pour le labourage; les bœufs » ne s'y multiplient que médiocrement; » ils font fujets à beaucoup de maladies; » une loi de Religion qui les conferve » eft donc très convenable à la police du » pays.

Pythagore qu'on regarde comme le premier Auteur du fentiment de la Métempfyfycofe, ne penfoit peut-être guère à tout cela, lorfqu'il a mis au jour fon opinion; de même que Moïfe ne fongeoit guère non plus à la fanté de fes fréres lorfqu'il leur défendit de manger du cochon. Cependant comme la chair de cet animal fe tranfpire peu, & que même elle empêche beaucoup la tranfpiration des autres alimens; comme le défaut de tranfpiration forme d'ailleurs ou aigrit les maladies de la peau; M. de M. trouve que c'eft pour cela que cette nourriture devoit être défendue dans la Paleftine, où l'on eft fort fujet à ces fortes de maladies; c'eft pour cela que chez les Juifs le cochon étoit un animal immonde.

Je reprens le Livre de *l'Efprit des Loix*, voici encore ce que j'y trouve. » Il n'eft » prefque pas poffible que le Chriftianif» me s'établiffe jamais à la Chine. Les » vœux de virginité, les affemblées des » femmes dans les Eglifes, leurs commu» nications néceffaires avec les Miniftres » de la Religion, leur participation aux » Sacremens, la Confeffion auriculaire, » l'Extrême-onction, le mariage d'une feu» le femme, tout cela renverfe les mœurs » & les maniéres du pays; & frappe enco» re du même coup fur la Religion & fur

» les Loix. La Religion Chrétienne par » l'établissement de la charité, par un culte » public, par la participation aux mêmes » Sacremens, semble demander que tout » s'unisse; les Rites des Chinois semblent » ordonner que tout se sépare.

La principale raison qui empêche le Christianisme de faire de grands progrès à la Chine, c'est que ces peuples se regardent comme supérieurs à tous les autres. Ils ne sçauroient croire qu'il y ait sur la terre des nations plus sages, plus anciennes & plus éclairées qu'eux. Dans cette persuasion ils font très peu de cas de tout ce que nos Missionnaires leur racontent de notre Religion. On leur dit, par exemple, qu'il n'y a que six mille ans que Dieu a créé l'univers; & l'Histoire de leur Empire remonte dix fois plus haut. Ils citent les noms, ils rapportent les actions des Princes qui les gouvernoient long-tems avant l'époque de la création. Ajouterions-nous beaucoup de foi à des écrits qui ne feroient sortir le monde du néant que plusieurs années après le baptême de Clovis? Il est vrai que leurs histoires sont fausses, & qu'ils sont dans l'erreur; mais ils sont aussi attachés à cette erreur, que nous le sommes nous-mêmes à la vérité de nos Annales.

Je

Je finis ce premier article par deux propositions que je tire de ce Livre ; elles n'ont pas un rapport bien direct avec le climat, mais elles renferment des contradictions qu'il ne m'est pas possible de dissimuler.

1°. „La Religion Chrétienne, dit » l'Auteur, veut que chaque peuple ait » les meilleures Loix politiques & les meil» leures Loix civiles.

2°. » Lorsque l'Etat est satisfait d'une » Religion déja établie, ce sera une très» bonne Loi civile de ne point y souffrir » l'établissement d'une autre.

De ces deux propositions je forme un raisonnement tout simple. Le voici. La Religion Chrétienne veut que chaque peuple ait les meilleures Loix civiles : or est-il, que c'est, selon l'Auteur, une très-bonne Loi civile de ne pas souffrir à Constantinople, par exemple, d'autre Religion que celle de Mahomet, puisque l'Etat en est satisfait : donc pour obéir à la Religion Chrétienne, il faut être Mahométan à Constantinople. Il n'y a point là-dedans de Théologie, c'est de la Logique toute pure. Si cette conséquence est ridicule, & que le Syllogisme cependant soit en forme, il faut nécessairement que le vice ſe trouve dans l'une des prémices ; & ces prémices, comme on vient de le voir, je les ai tirées de *l'Eſprit des Loix.*

Rapprochons préſentement de cette conſéquence une autre propoſition que je trouve encore dans cet Ouvrage, & nous y découvrirons auſſi une autre contradiction.

„ Sur le caractére de la Religion Chré-„ tienne & celui de la Mahométane, l'on „ doit, *ſans autre examen*, embraſſer l'u-„ ne & rejetter l'autre.

Voilà donc qu'on veut actuellement que l'on rejette la Religion Mahométane, & il n'y a qu'un moment qu'on nous diſoit qu'il étoit très-bon de la conſerver. Mais ce n'eſt pas encore là ſans doute le dernier mot de l'Auteur ; ſuivons-le, & je ſuis perſuadé qu'il ſe raviſera. Juſtement ; car voici qu'il change déja de ſentiment. „ Quand on eſt maître de recevoir dans un „ Etat une nouvelle Religion, ou de ne la „ pas recevoir, il ne faut pas l'y établir." On ne doit donc plus par conſéquent, ſur le caractére de la Religion Chrétienne l'embraſſer *ſans autre examen*, puiſqu'il y a des occaſions, où, malgré ſon caractére, il ne faut pas la recevoir, ſi on en eſt le maître.

Comment l'Auteur peut-il varier ainſi à cha-

chaque pas ? & quel fond peut-on faire sur une marche aussi incertaine ? Dans un Ouvrage Philosophique & qu'on donne pour tel, la raison doit toujours parler le langage qui lui est propre, & ne pas emprunter celui d'une imagination qui s'égare. Un Livre qui a coûté vingt années de travail peut bien quelquefois manquer de génie ; mais jamais d'exactitude. On remarque cependant ici tout le contraire ; le génie s'y fait appercevoir à chaque page ; on y reconnoît un homme qui pense ; ce qui est fort rare actuellement ; mais qui ne pense pas toujours juste ; qui ne raisonne pas toujours conséquemment à ses principes, & dont les principes quelquefois sont très-contraires aux idées les plus vraies & les plus communes. Une chose qui m'a toujours fort étonné, c'est de voir des gens d'esprit, des hommes profonds, des génies mêmes, qui raisonnent mal. On pourroit pardonner absolument à un Poëte d'être peu exact ; mais jamais à un Philosophe de manquer de Logique. Il y a moins de honte d'avoir fait une mauvaise Tragédie, un mauvais discours, une mauvaise Histoire, que d'avoir fait un mauvais Raisonnement, surtout dans ces sortes d'Ouvrages où la raison doit toujours présider.

L'Au-

L'Auteur a beau nous dire dans sa Préface qu'il n'a point tiré ses principes de ses préjugés ; mais de la nature des choses. Pour moi, je crois avoir assez prouvé, qu'il n'est point de la nature de la Religion Chrétienne, par exemple, d'être incompatible avec le climat Asiatique ; ce n'est donc point de sa nature que l'Auteur a tiré ce qu'il a avancé à ce sujet.

Il ajoute que bien des vérités ne se feront sentir dans son Ouvrage, qu'après qu'on aura vû la chaîne qui les lie à d'autres. J'avoue que j'ai été assez malheureux, pour ne point voir cette chaîne. Je n'ai apperçu qu'une infinité de petits anneaux, dont les uns sont d'or à la vérité, les autres de diamans & de pierres les plus rares & les plus précieuses ; mais enfin, ce ne sont que des anneaux qui ne forment point de chaîne.

Quelqu'un a appellé le Livre de l'Esprit des Loix, *le porte-feuille d'un homme d'esprit.* Je ne crois pas qu'en si peu de mots on puisse mieux définir cet Ouvrage. On sent, en effet, qu'il n'y a qu'un homme d'esprit, qui ait pû produire les choses admirables qu'il contient ; mais ce n'est qu'un porte-feuille, c'est-à-dire, un amas de piéces décousues, un tas de morceaux déta-

détachés ; enfin, une infinité d'excellens matériaux, dont on pourroit faire un très bon Livre. Il n'y auroit pour cela, qu'à lier un peu plus les parties les unes aux autres ; qu'à réunir sous le même point de vûë celles qui traitent du même sujet ; qu'à retrancher ce qu'il y a de superflu ; qu'à éclaircir les endroits obscurs ; qu'à corriger quelques citations ; qu'à parler d'une maniére qui soit un peu plus à la portée du commun des Lecteurs ; & sur-tout qu'à éviter des contradictions qui peuvent bien se trouver dans un porte-feuille, mais que l'on ne doit point rencontrer dans un Livre.

ARTICLE II.

LA MORALE,

Considerée par rapport au Climat & au Gouvernement.

POUR procéder toujours avec ordre à l'examen de cet Ouvrage, on suivra ici la méthode qu'on a déja observée au commencement de cet extrait. On n'a considéré la Religion que par rapport au Climat

Climat & au Gouvernement : C'eſt auſſi ſous ces deux points de vûë ſeuls qu'on va réunir ce qui regarde la Morale.

La vertu, ſelon M. de M., n'eſt pas une choſe néceſſaire dans tous les Gouvernemens, ni dans tous les Pays. Il eſt vrai qu'il faut en avoir dans une République, mais dans une Monarchie on n'en a que faire; & elle ſeroit dangereuſe dans le Gouvernement deſpotique. Ainſi ce qui, à la Haye, peut faire un bon Citoyen, n'en feroit qu'un fort mauvais à Paris, un plus mauvais encore à Conſtantinople.

» Il ne faut pas beaucoup de probité, » dit-on, pour qu'un Gouvernement mo» narchique, ou un Gouvernement deſpo» tique, ſe maintiennent ou ſe ſoutiennent. » La force des Loix dans l'un, le bras du » Prince toujours levé dans l'autre, ré» glent ou contiennent tout. Mais dans » un Etat populaire, il faut un reſſort de » plus, qui eſt la vertu.

» Dans les Monarchies, la politique » fait faire les plus grandes choſes avec » le moins de vertu qu'elle peut, l'Etat » ſubſiſte indépendamment de l'amour pour » la Patrie, du déſir de la vraie gloire, » du renoncement à ſoi-même, du ſacri» fice de ſes plus chers intérêts, & de

,, tou-

» toutes les vertus héroïques que nous trou-
» vons dans les anciens. Les Loix y tien-
» nent la place de toutes ces *vertus*, *dont*
» *on n'a aucun besoin*; l'Etat vous en dis-
» pense.

» Dans les Monarchies bien réglées,
» tout le monde sera à peu près bon Ci-
» toyen ; & on trouvera rarement quel-
» qu'un qui soit homme de bien ; car pour
» être homme de bien, il faut avoir in-
» tention de l'être.

» Je sçais très-bien qu'il n'est pas rare
» qu'il y ait des Princes vertueux ; mais je
» dis que dans une Monarchie, il est très-
» difficile que le Peuple le soit.

» Pourquoi dans le Gouvernement des-
» potique, l'éducation s'attacheroit-elle à
» former un bon Citoyen, qui prit part
» au malheur public ? S'il aimoit l'E-
» tat, il seroit tenté de relâcher les res-
» sorts du Gouvernement ; s'il ne réussis-
» soit pas, il se perdroit ; s'il réussissoit,
» il courroit risque de se perdre lui, le
» Prince & l'Empire.

Tout ceci, comme on voit, tient beaucoup du paradoxe ; & pour peu qu'on veuille se donner la peine de réfléchir, on sentira bien-tôt la fausseté de toutes ces propositions. Mais pour éviter moi-même,

même, dans l'examen que j'en ferai, la confusion qui régne dans cet Ouvrage, voyons d'abord ce que l'Auteur entend par le mot de *vertu* : je ferai remarquer ensuite les contradictions où il tombe par rapport à la signification qu'il lui donne.

» Je parle ici, dit-il, dans une note, » je parle de la vertu politique qui est la » vertu morale, dans le sens qu'elle se » dirige au bien général; fort peu des ver- » tus morales particuliéres, & point du » tout de cette vertu qui a du rapport aux » vérités révélées.

» On peut définir cette vertu, dit-il ail- » leurs, l'amour des Loix & de la Patrie.

» La vertu dans une République est une » chose très simple; c'est l'amour de la » République.

Par le mot de *vertu*, l'Auteur, comme on voit, n'entend ici, ni la probité, ni la justice, ni la bonne foi, ni toutes les qualités qui font l'honnête-homme, l'homme vertueux, l'homme de bien. Il ne parle uniquement que de l'amour de la Patrie & de l'Etat; & il prétend que la vertu, prise dans ce sens-là, est inutile dans le Gouvernement monarchique, dangereuse dans le despotique, nécessaire dans le Républicain. C'est de ce principe qu'il tire

tire ensuite toutes les conséquences qui forment plus de la moitié de son premier volume. Or je soutiens moi que ce principe est faux, & que la vertu, dans le sens qu'on lui donne ici, est aussi nécessaire dans les deux premiers Gouvernemens que dans le troisiéme. Car enfin si *la vertu dans une République est l'amour de la République*, la vertu, dans une Monarchie, est donc aussi l'amour de la Monarchie; la vertu, dans le Gouvernement despotique, est donc aussi l'amour du despotisme; or je prétens que l'amour du despotisme & de la Monarchie est aussi nécessaire, pour que ces deux Gouvernemens se soutiennent, qu'il est nécessaire d'aimer la République, pour que la République subsiste. En effet, supposons pour un instant, que dans un Royaume tous les Sujets manquent de *vertu*; c'est-à-dire, qu'aucun d'eux n'ait dans le cœur *l'amour de la Monarchie*: qu'arriveroit-il alors? Ce qui arriva chez les Romains lorsqu'ils ne voulurent plus obéir à des Rois; ce qui arriva en Hollande lorsque ces Peuples se lassérent d'être gouvernés par un Monarque; c'est-à-dire que l'Etat changeroit de face, le Gouvernement prendroit une nouvelle forme, la Monarchie périroit. „Car le „Gou-

„ Gouvernement eſt comme toutes les cho-
„ ſes du monde, dit l'Auteur lui-même ;
„ pour le conſerver, il faut l'aimer. “
Qu'on détruiſe donc parmi les Turcs l'amour du deſpotiſme ; & bien-tôt l'Empire Ottoman ne formera plus qu'une Monarchie, ou ſe changera en République. Tant il eſt vrai que la *vertu* n'eſt pas moins néceſſaire chez eux que parmi les Républicains, & qu'elle eſt également le principe de leur Gouvernement & du Gouvernement Monarchique.

L'Auteur n'a donc pas eu raiſon de dire, comme il a fait » qu'il ne faut pas
» beaucoup de vertu pour que ces deux
» Gouvernemens ſe ſoutiennent ; qu'ils ſub-
» ſiſtent l'un & l'autre indépendamment
» de la vertu, qu'on n'y en a aucun be-
» ſoin, que l'Etat en diſpenſe ; qu'il eſt
» très-rare que le Peuple y ſoit vertueux ;
» & qu'enfin la politique y fait faire les
» plus grandes choſes avec le moins de
» vertu qu'elle peut. « Il eſt étonnant qu'il n'ait point vû la fauſſeté de toutes ces propoſitions ; elle ſaute aux yeux ; & il n'y a point de Lecteur, pour peu qu'il ſoit intelligent, qui ne l'apperçoive du premier coup d'œil. Il ne faut faire pour cela qu'un raiſonnement des plus ſimples : car

car si la vertu est l'amour de l'Etat, & si l'Etat ne peut subsister sans cet amour, comment peut-on dire que *l'Etat n'en a aucun besoin, qu'il en dispense*? C'est-là une de ces contradictions si palpables, qu'on est surpris de la trouver dans un Ouvrage qui porte par tout l'empreinte du génie le plus sublime.

Mais ce qui surprend encore beaucoup, c'est de voir combien l'Auteur de *l'Esprit des Loix* s'accorde peu avec lui-même, dans la signification qu'il donne au mot de *vertu*. On vient de voir que par-là il n'entend que l'amour du Gouvernement; voilà l'unique sens dans lequel il veut qu'on le prenne, il rejette toute autre signification, il déclare expressément dans une note, qu'il n'admet que celle-là; & en même tems & dans le même endroit, il le prend lui-même dans un sens tout différent. En effet, ce qui fait l'honnête homme, l'homme vertueux, l'homme de bien; ce dont la privation fait les malhonnêtes gens, les fourbes, les trompeurs, ce n'est certainement pas l'amour du Gouvernement, sur-tout dans cette espéce de Gouvernement, où cet amour est inutile, où il est même dangereux; or est-il que par vertu, l'Auteur entend ce qui fait l'honnête homme, l'homme de bien, l'homme vertueux; ce dont la privation fait les malhonnêtes gens, les fourbes, les trompeurs : donc par vertu, il entend autre chose que l'amour du Gouvernement.

Je dis que par vertu, il entend ce dont la privation fait les malhonnêtes gens; ce qui le prouve, c'est qu'après qu'il a fait un portrait affreux des Courtisans, il ajoute : » Or il est très-mal-aisé, que les » principaux d'un Etat soient malhonnêtes » gens, & que les inférieurs soient gens » de bien; que ceux-là soient trompeurs, » & que ceux-ci consentent à n'être que » dupes. Tant il est vrai, que la *vertu* » n'est pas le ressort du Gouvernement » Monarchique. «

Voilà donc l'Auteur de l'*Esprit des Loix* qui déclare que par le mot de *vertu* il entend uniquement l'amour de l'Etat, & qui en même-tems & dans le même endroit lui donne une signification toute différente; le voilà donc, par conséquent encore une fois en contradiction avec lui-même.

De la vertu en général, ou si l'on veut, de l'amour de la Patrie, puisque c'est-là le sens qu'il plait quelquefois à l'Auteur de de donner au mot de *vertu* à l'exclusion de tout autre, il passe aux vertus particuliéres, telles que sont, par exemple, la franchise, la politesse &c. vertus qui, selon lui, » *ne sont jamais si pures dans les* » *Monarchies, que dans les Gouvernemens* » *Républicains.*

Dans un Etat Monarchique. » On veut, » dit-il, de la vérité dans le discours. » *Mais est-ce par amour pour elle? Point* » *du tout.* On la veut, parce qu'un hom» me qui est accoutumé à la dire *paroît* » *être hardi & libre.* C'est ce qui fait » qu'autant qu'on y recommande cette es» péce de franchise, autant on y mépri» se *celle du Peuple, qui n'a que la vérité* » *& la simplicité pour objet.*

» L'éducation dans les Monarchies, exi» ge dans les maniéres une certaine poli» tesse. Les hommes nés pour vivre en» semble, sont nés aussi pour se plaire; & » celui qui n'observeroit pas les bienséan» ces, choquant tous ceux avec qui il vi» vroit, se décréditeroit au point, qu'il » deviendroit incapable de faire aucun bien. » Mais ce n'est pas d'une source si pure, » que la politesse a coutume de tirer son » origine; elle naît de l'envie de se distin» guer. *C'est par orgueil que nous sommes*

»*polis.* Nous nous sentons flattés d'avoir »des maniéres qui prouvent que nous ne »sommes pas dans la bassesse, & que »nous n'avons pas vécu avec cette sorte »de gens que l'on a abandonnés dans tous »les âges.

Il est bien vrai que l'homme se recherche toujours un peu lui-même dans la pratique de la vertu. Si c'est-là ce que l'Auteur a voulu dire, je conviens qu'il a raison; mais c'est un défaut de l'humanité, & non pas des Monarchies. Les Citoyens d'une République n'ont-ils pas aussi cela de commun avec tous les autres Peuples de l'Univers? Il suffit d'être homme pour avoir de l'amour propre, & pour aimer singuliérement tout ce qui peut tourner à nôtre avantage & à nôtre gloire. Je ne vois donc pas pourquoi l'on veut que ce défaut soit singuliérement affecté au gouvernement Monarchique, & cela uniquement à raison de la forme de ce Gouvernement. Quoi? parce que je vis dans une Monarchie, je ne dirai la vérité que pour *paroître libre*, tandis que dans une République, qui est un état plus libre, & où, par conséquent, on doit être plus jaloux de faire paroître sa liberté, on ne dira la vérité que *par amour pour elle*?

Pour

Pour moi à ne conſidérer que la nature du Gouvernement, je tirerois une conſéquence bien différente; & voici comment je raiſonnerois : s'il eſt un état, où, à raiſon de la forme du Gouvernement, on ne dit la vérité que *pour paroître libre*, il eſt certain que c'eſt principalement celui où l'on eſt le plus jaloux de ſa liberté; celui dont la liberté fait, pour ainſi dire, le caractére diſtinctif; telles ſont les Républiques plutôt que les Monarchies : C'eſt donc dans les Républiques, plutôt que dans les Monarchies, qu'on ne dit la vérité que *pour paroître libre*; c'eſt donc dans les Républiques plutôt que dans les Monarchies, que la franchiſe n'a pour principe qu'une vaine oſtentation d'indépendance; & par une conſéquence directement oppoſée au ſentiment de l'Auteur, quoique tirée de ſes principes, cette vertu, à ne conſidérer encore une fois que la nature du Gouvernement, cette vertu, dis-je, n'eſt *jamais ſi pure dans les Gouvernemens Républicains, que dans les Monarchiques.*

On peut dire la même choſe de la politeſſe. On prétend que dans les Monarchies on n'eſt poli que *par orgueil & par envie de ſe diſtinguer*, & l'on donne à cette vertu un motif plus noble & plus relevé

 dans

dans les Républiques. Et moi je soutiens tout le contraire; & je dis que si l'on ne veut faire attention qu'au caractére de ces deux Gouvernemens, on trouvera que c'est dans le Républicain plutôt que dans le Monarchique, que l'orgueil & l'envie de se distinguer sont le vrai principe de la politesse. Voici quel est encore mon raisonnement. Dans les Monarchies, on a mille moyens de se distinguer du reste des Citoyens : il y a des rangs, des dignités, des honneurs qui constituent les différens Ordres de l'Etat, & qui mettent de la distinction parmi presque tous les Sujets : au lieu que dans les Républiques, & surtout dans les Démocraties, il régne une égalité si parfaite, qu'un Citoyen ne peut pas s'élever au-dessus d'un autre par son état ni par son rang. Cependant il veut se distinguer; car enfin il ne faut pas croire que parce qu'on vit dans une République, on soit entiérement dépouillé des foiblesses de l'humanité, & qu'un Républicain soit exempt d'amour propre. Ne pouvant donc se mettre au dessus des autres par son état, il est naturel qu'il tâche du moins de se faire remarquer par des maniéres douces, affables, prévenantes, en un mot par sa politesse.

De

De plus, c'est la naissance, la faveur du Prince, des services rendus à l'Etat, qui, dans une Monarchie, élévent un Sujet aux honneurs & aux dignités : dans une République au contraire, s'il y a quelques places de distinction, on n'y parvient que par le suffrage du Peuple. Il faut donc le gagner ce Peuple, pour obtenir son suffrage ; & comment le gagne-t-on ? sinon par des maniéres douces, affables, prévenantes ; en un mot par la politesse.

La politesse est donc le plus sûr, & peut-être même l'unique moyen de se distinguer dans les Républiques : c'est donc dans les Républiques aussi, plutôt que dans les Monarchies, que l'envie de se distinguer est le principe de la politesse ; c'est donc dans les Républiques plutôt que dans les Monarchies, qu'*on n'est poli que par orgueil* ; & par une conséquence toujours opposée au sentiment de l'Auteur, *cette vertu*, en supposant aussi toujours qu'on ne veut faire attention qu'à la nature du Gouvernement, *cette vertu ne tire pas son origine d'une source moins pure dans les Monarchies que dans les Républiques*.

Mais soyons de bonne foi, & convenons que la forme du Gouvernement n'influe en rien dans les motifs qui animent la plûpart de nos vertus. Il eſt vrai qu'il y a des gens qui diſent la vérité par amour pour elle-même ; que d'autres ſont polis dans la vûe de ſe rendre par-là plus utiles à la ſociété ; mais c'eſt le petit nombre dans l'un & dans l'autre Gouvernement. Par-tout la franchiſe eſt l'effet d'un heureux naturel, la politeſſe eſt le fruit d'une bonne éducation ; mais dans tous les Gouvernemens du monde, les hommes ne ſont francs & polis qu'autant qu'ils y trouvent leur intérêt particulier, & que ces deux vertus peuvent tourner à leur avantage. Car tel eſt l'homme ; il ſe recherche toujours lui-même, dans les Républiques, tout comme dans les Monarchies. Voilà ce qu'on peut dire de plus vrai ; tout le reſte n'eſt que paradoxe, & ne ſe trouve point du tout à ſa place dans un ouvrage auſſi grave que celui-ci. Quand *Ciceron* pour s'égayer & pour exercer ſon eſprit a voulu donner une apparence de vérité à quelques propoſitions ſinguliéres & paradoxales, il l'a fait dans un petit écrit ſéparé ; mais il n'a pas choiſi pour cela ſon Traité *des Loix*. Chaque choſe doit être dans ſon lieu ; & il y a telles propoſitions que l'on voit ici avec peine, & qui peut-être auroient été lûes dans les Lettres Perſannes avec plaiſir.

Avant d'aller plus loin, il est à propos de faire encore remarquer en passant une petite contradiction qui se trouve dans les paroles que j'ai rapportées un peu plus haut. On prétend, comme nous l'avons vû, qu'on n'aime la vérité dans les Monarchies, que *pour paroître libre*; & on ajoute cependant en même tems, que la franchise du Peuple, c'est-à-dire, par conséquent, de plus des trois quarts & demi de la Monarchie, *n'a que la vérité & la simplicité pour objet.* Mais si le Peuple ne dit la vérité que par amour pour elle; il s'ensuit donc, toujours dans les principes de l'Auteur, car je ne m'en écarte jamais; il s'ensuit, dis-je, que le reste de l'Etat en fait de même. Pourquoi cela? On va nous le dire, ou plutôt on nous l'a déja dit. C'est qu'*il est mal-aisé que les principaux d'un Etat soient malhonnêtes gens, & que les inférieurs soient gens de bien; que ceux-là soient trompeurs, & que ceux-ci consentent à n'être que dupes.* Si donc on peut conclure de la vertu des premiers d'une Monarchie par celle du Peuple, & s'il est vrai que le Peuple ne dit la vérité que par amour pour elle-même, il s'ensuit par conséquent, que la franchise des principaux d'une Monarchie n'a, comme celle

celle du Peuple, que la vérité & la simplicité pour objet; que dans les Monarchies, on ne dit pas la vérité uniquement pour paroître libre, & conséquemment que l'Auteur de *l'Esprit des Loix* est encore ici en contradiction avec lui-même. Pour avoir voulu donner un peu trop à la politique, il ne s'est point assez appliqué à être bon Dialecticien. Il faut qu'un Philosophe commence d'abord par avoir de la Logique. C'est-là le fondement & la base de toutes les Sciences. La Politique la plus rafinée, si elle n'est appuyée sur de bons raisonnemens, est un bâtiment qui s'écroule. Il est vrai que la plûpart des Lecteurs n'y regardent pas de si près; éblouis par l'éclat de quelques ornemens qui se trouvent dans les débris de l'édifice, c'est-là uniquement que se porte leur attention; ils ont la vûe trop foible, pour envisager à la fois tout le corps de l'Ouvrage; ils n'en considérent que les parties les plus brillantes; & ces beautés de détails absorbent tellement toutes les lumiéres de leur esprit, qu'il ne leur en reste plus pour s'appercevoir des imperfections & du peu de solidité de l'ensemble.

Mais je tomberois moi-même dans un défaut plus grand que celui que je reproche

che aux autres, ſi je ne faiſois remarquer que les endroits défectueux de cet Ouvrage, & ſi ma vue ne ſe portoit pas auſſi de tems en tems ſur quelques-uns des morceaux brillans qui ont fait, j'oſe le dire, toute la vogue de ce Livre. Ils ſont en ſi grand nombre, que le choix en ſeroit difficile; je me contenterai donc d'en rapporter ici deux ou trois que je prendrai au hazard. Voici, par exemple, qui me paroît fort bien dit, & qui ſelon moi, eſt tout neuf, quoique dans le vrai.

» L'amour de la Patrie conduit à la bonté des mœurs, & la bonté des mœurs à l'amour de la Patrie. Moins nous pouvons ſatisfaire nos paſſions particuliéres, plus nous nous livrons aux générales. Pourquoi les Moines aiment-ils tant leur Ordre? C'eſt juſtement par l'endroit qui fait qu'il leur eſt inſupportable; leur Régie les prive de toutes les choſes ſur leſquelles les paſſions ordinaires s'appuyent: reſte donc cette paſſion pour la Régle même qui les afflige. Plus elle eſt auſtére, c'eſt-à-dire, plus elle retranche de leurs penchans, plus elle donne de force à ceux qu'elle leur laiſſe.

Ce qui ſuit caractériſe aſſez bien deux Peuples tout à la fois: la jalouſie des uns, & l'indiſcrétion des autres.

» Les

» Les François ont été chassés neuf fois » de l'Italie, à cause, disent les Historiens, de leur insolence à l'égard des » femmes & des filles. C'est trop pour » une Nation d'avoir à souffrir la fierté du » vainqueur, & encore son incontinence, » & encore son indiscrétion sans doute plus » fâcheuse, parce qu'elle multiplie à l'infini les outrages.

Les femmes en Asie & dans tous les pays extrêmement chauds sont retenues par leurs maris dans une espéce de servitude domestique, & voici la raison que l'Auteur en apporte. Elle est fort ingénieuse. Dans ces pays-là, » les femmes » sont nubiles à huit, neuf & dix ans; » ainsi l'enfance & le mariage y vont presque toujours ensemble. Elles sont vieilles à vingt : la raison ne se trouve donc » jamais avec la beauté. Quand la beauté demande l'empire, la raison le fait » refuser; quand la raison pourroit l'obtenir, la beauté n'est plus. Les femmes » doivent donc être dans la dépendance; » car la raison ne peut leur procurer dans » leur vieillesse un empire, que la beauté ne leur avoit pas donné dans la jeunesse même. «

Jusqu'ici l'Auteur a très bien dit, mais il

il tire ensuite delà une conséquence qui me paroit fort singuliére. »Il est donc »très-simple, conclut-il, qu'un homme, »lorsque la Religion ne s'y oppose pas, »*quitte sa femme* pour en prendre une au-»tre, & que la polygamie s'introduise.« Il est sans doute très-simple, de quitter une femme laide pour en prendre une jolie; mais cela ne vient point de la chaleur du climat; c'est l'effet d'un penchant qui est naturel chez tous les hommes de quelque pays qu'ils soient. Si on avoit dit seulement que dans les pays chauds on est plus porté à l'incontinence que dans les climats froids ou tempérés; & que delà on eût inféré qu'une Religion qui permet d'avoir plusieurs femmes, devoit s'y établir plus aisément que par tout ailleurs, ce raisonnement eût paru juste. Mais de prétendre que la polygamie s'y est introduite, parce que les femmes n'y sont jamais belles & raisonnables tout à la fois; en vérité ce n'est point conclure selon les régles de la bonne Logique, surtout lorsqu'on ajoute, qu'on *quitte sa femme* pour en épouser une autre. Si en prenant une nouvelle épouse, on conservoit l'ancienne, cela seroit tout différent, & le raisonnement prouveroit à merveille, voici com-

comment : dans les pays chauds, jamais la raison & la beauté ne se trouvent rassemblées dans la même personne; il est naturel cependant, que les hommes également touchés de l'une & de l'autre, tâchent de les réunir dans leur maison; il faut donc pour cela qu'ils épousent plusieurs femmes, & qu'en prenant les belles, ils conservent les raisonnables. Voilà la Polygamie. Mais l'on vous dit expressément qu'on *quitte sa femme* pour en prendre une autre. Ce n'est donc plus polygamie, c'est divorce, ou si l'on veut, répudiation.

Puisque nous sommes sur l'article des femmes, voyons si c'est avec raison qu'on a accusé l'Auteur de *l'Esprit des Loix* d'avoir un peu maltraité le beau sexe; on en jugera par les traits que je vais citer.

» Les femmes ont peu de retenue dans » les Monarchies, parce que la distinction » des rangs les appellant à la Cour, elles » y vont prendre cet esprit de liberté, » qui est le seul qu'on y tolére. Chacun » se sert de leurs agrémens & de leurs passions pour avancer sa fortune; & comme leur foiblesse ne leur permet pas » l'orgueil, mais la vanité, le luxe y régne toujours avec elles.

Voi-

Voilà les femmes dans les Monarchies ; elles valent infiniment mieux dans les Républiques, il n'y a pas de comparaison. » Elles y sont libres par les loix, & captivées par les mœurs ; le luxe en est banni, & avec lui la corruption & les vices. « C'est sans doute de ces femmes-là que l'Auteur veut parler, quand il dit : » Il est heureux de vivre dans ces » climats qui permettent qu'on se communique ; où le sexe qui a le plus d'agrémens semble parer la société, & où les » femmes se réservant aux plaisirs d'un » seul, servent encore à l'amusement de » tous.

Mais quittons pour un moment ces heureux climats ; allons dans les pays chauds, & nous verrons toute autre chose. » Il y » a de tels climats où le physique a une » telle force, que *la morale n'y peut presque rien.* Laissez un homme avec une » femme, les tentations seront des chutes, l'attaque sûre, la résistance nulle. » Dans ces pays, au lieu de préceptes, il » faut des verroux.

Au reste, ajoute-t-on, » ce n'est pas » seulement la pluralité des femmes qui » exige leur clôture dans certains lieux d'Orient, c'est le climat. Ceux qui liront » les

» les horreurs, les crimes, les perfidies, » les noirceurs, les poisons, les assassinats » que la liberté des femmes fait faire à » Goa, & dans les Etablissemens des Por- » tugais dans les Indes où la Religion ne » permet qu'une femme, & qui les com- » pareront à l'innocence & à la pureté des » mœurs des femmes de Turquie, de Per- » se, du Mogol, de la Chine & du Ja- » pon, verront qu'il est souvent aussi né- » cessaire de les séparer des hommes lors- » qu'on n'en a qu'une, que qnand on en » a plusieurs.

» C'est donc le climat qui doit décider » des choses, conclut l'Auteur. Que ser- » viroit d'enfermer les femmes dans nos » pays du Nord, où leurs mœurs sont na- » turellement bonnes; où toutes leurs paf- » sions sont calmes, peu actives, peu ra- » finées; où l'amour a sur le cœur un em- » pire si réglé, que la moindre police suf- » fit pour les conduire.

Ainsi ce n'est guére que le plus ou le moins de chaleur qui rend les femmes en général plus ou moins vertueuses, & *la morale n'y peut presque rien.* De sorte qu'il en est des femmes, dans ce sentiment, à peu près, comme du lait qui reste tranquille dans le vase, ou qui en sort avec impé-

impétuosité, selon qu'il est ou plus près ou plus loin du feu; ou bien, si l'on veut, on pourra les comparer à ces liqueurs spiritueuses, que le chaud ou le froid fait monter ou descendre dans le Thermométre. Quand l'air est froid ou tempéré, la liqueur ne fait aucun effort pour s'échapper hors du tube; mais à mesure que la chaleur augmente, elle s'éléve insensiblement, & on la verroit bien-tôt se répandre avec précipitation, si l'on n'avoit soin de tenir le tuyau bien fermé. Image parfaite de ce que sont les femmes dans les différens climats. Celles du Nord ont les mœurs naturellemenr bonnes; il est donc inutile de les enfermer pour les ranger à leur devoir; mais pour celles d'Orient, semblables à cette liqueur vagabonde que la chaleur met en mouvement, elles éprouvent en elles-mêmes une fermentation si violente, qu'*au lieu de préceptes*, dit l'Auteur, *il leur faut des verroux*.

Je ne sçais s'il y a rien dans tout ceci de trop désavantageux pour le beau sexe : car si d'un côté on diminue le mérite des femmes vertueuses, on peut dire certainement qu'on rend aussi les autres bien moins coupables. Car enfin, que peut-on reprocher à une personne qui s'écarte des régles de la morale dans des choses où *la morale ne peut presque rien, où le climat décide de tout*? C'est une laitue que le trop de chaleur empêche de pommer & fait monter en graines. Est-ce la faute de la laitue? Non; c'est tout au plus celle du Jardinier, qui n'a pas eu assez de soin de l'entretenir dans sa fraîcheur..

Mais parmi les femmes, s'il y en a qui ayent quelque raison de se plaindre, ce sont celles précisément dont on dit le plus de bien; nos femmes du Nord. Car, outre qu'on diminue beaucoup le mérite de leur vertu, comme je l'ai déja dit, on leur ôte encore toute excuse dans le vice. En effet, comment justifier une conduite irréguliére dans les pays froids? Les fautes qu'on y fait y sont personnelles, & on ne peut les attribuer qu'à soi-même, puisqu'on n'y manque jamais de la grace du climat. Mais que dis-je? Il y a un certain tems dans l'année, où, dans le Nord même, les femmes manquent de cette grace, & où, par conséquent, elles peuvent faire le mal impunément; c'est le tems de l'Eté. A mesure que les chaleurs augmentent, la grace du climat se retire, & la vertu des femmes

mes doit diſparoître avec la glace. L'Hyver n'eſt donc pas pour elles le tems des plaiſirs, ils ſeroient accompagnés de trop de remords; mais ſitôt que la belle ſaiſon ſe renouvelle, elles peuvent commencer à s'y livrer ſans ſcrupule; elles n'ont plus la grace.

Malgré le vice que l'Auteur de l'ouvrage dont je rends compte, attribue à certains climats, il reconnoît cependant que la nature a gravé dans tous les cœurs, de quelque pays que l'on ſoit, un ſentiment que le climat ne ſçauroit effacer; c'eſt la pudeur. » Toutes les Nations, dit-il, ſe » ſont également accordées à attacher du » mépris à l'incontinence des femmes; c'eſt » que la nature a parlé à toutes les Nations. » Elle a établi la défenſe, elle a établi l'at- » taque; & ayant mis des deux côtés des » déſirs, elle a placé dans l'un la témérité, » & dans l'autre la honte. Il n'eſt donc » pas vrai que l'incontinence ſuive les loix » de la nature, elle les viole au contraire; » c'eſt la modeſtie & la retenue qui ſuivent » ces loix.

Tout cela cependant n'eſt pas ſi général, qu'il ne puiſſe quelquefois ſouffrir des exceptions. Il y a des pays où la nature a tout fait à rebours; elle a placé la honte dans les hommes & la témérité dans les femmes ; celles-ci attaquent, ceux-là se défendent. » A Patane, par exemple, la » lubricité des femmes est si grande, que » les hommes sont contraints de se faire de » certaines garnitures, pour se mettre à » l'abri de leurs entreprises. C'est-là que » la nature a une force, & la pudeur une » foiblesse qu'on ne peut comprendre. « Il faut donc convenir que dans ce pays-là au moins c'est l'incontinence qui suit les loix de la nature, & que c'est la pudeur qui les viole ; car c'est une loi constante de la nature, que le plus fort l'emporte toujours sur le plus foible. J'avoue que cette conséquence n'est point du tout conforme à la bonne morale, mais elle suit immédiatement des principes qu'on a établis dans cet ouvrage. Car dans des climats où *le physique a une telle force que la morale n'y peut presque rien*, il est évident qu'en cédant au physique, on ne fait qu'obéir à la nature & suivre ses loix. Ainsi quand l'Auteur dit que c'est la pudeur qui les suit toujours, & la continence qui les viole, il pense certainement comme tout le monde ; mais il ne raisonne pas conséquemment à ses principes. C'est une faute dans laquelle il tombe souvent,

vent, ainsi que je l'ai déja fait remarquer plusieurs fois.

Le Livre de *l'Esprit des Loix* nous apprend » qu'on trouve des moeurs plus pu-» res dans les divers Etats d'Orient, à » proportion que la clôture des femmes y » est plus exacte ; que delà dérive, pour » les femmes, toute la pratique de la mo-» rale, la pudeur, la chasteté, la retenue, » le silence, la paix, la dépendance, le » respect, l'amour, &c on ne peut pas » dire la même chose, ajoute-t-il, de cer-» tains pays des Indes, où la clôture des » femmes ne peut être aussi exacte ; c'est-là » qu'on voit jusqu'à quel point les vices » du climat, laissés dans une grande liber-» té, peuvent porter le désordre.

Il seroit en vérité bien étonnant, que des femmes qui sont continuellement enfermées, qui ne voyent jamais d'hommes, qui ne connoissent que leurs maris, qui ne se trouvent jamais dans l'occasion de mal faire, ne fussent pas plus retenues, plus chastes, plus dépendantes, que celles à qui on laisse toute leur liberté. Il n'est pas nécessaire d'aller en Orient pour voir de pareilles choses ; sans doute que dans nos Couvents de Religieuses on doit trouver plus de modestie, de silence, de pudeur, de chasteté, de dépendance, que parmi ce qu'on appelle les femmes du monde. Si l'Auteur de cet Ouvrage n'avoit jamais dit que des choses de cette nature, on ne l'accuseroit sûrement pas d'avoir donné dans le paradoxe.

Je vai finir l'article qui regarde les femmes par une pensée qui tient beaucoup de l'Epigramme; on y verra que l'Auteur s'égaye quelquefois sur la gravité de sa matiére.

» C'est une conséquence de la polygamie, que dans les Nations voluptueuses » & riches, on ait un très-grand nombre » de femmes. Leur séparation d'avec les » hommes, & leur clôture suivent naturellement de ce grand nombre. L'ordre » domestique le demande ainsi; un débiteur insolvable cherche à se mettre à couvert des poursuites de ses créanciers.

Je passerois les bornes ordinaires d'un extrait si je voulois parler de toutes les choses qui ont rapport à la morale, & que l'on fait dépendre ici de la forme du Gouvernement ou de la nature du climat. Je réduirai donc à quatre articles seulement ce que j'ai encore à dire là-dessus. Le luxe, le courage, l'homicide de soi-même & la bonne foi.

C'est

C'est le climat qui fait tout, qui décide de tout dans cet Ouvrage. C'est lui qui introduit le luxe ou l'économie dans les Empires; qui rend les hommes lâches ou courageux; qui inspire la crainte ou le mépris de la mort; qui entretient la fourberie & qui bannit la droiture.

Le luxe dépend du climat, il dépend aussi du Gouvernement. Il y a des Etats & des pays où il est dangereux; il y en a d'autres où il est utile & nécessaire. Voici comment on peut raisonner dans les principes de l'Auteur.

La vertu est le ressort des Républiques; le luxe est contraire à la vertu : le luxe est donc dangereux daus les Républiques.

Un honneur faux est le principe des Monarchies; le luxe est une suite de cet honneur : le luxe est donc nécessaire dans les Monarchies.

Le principe d'un Etat despotique, c'est la crainte. » Lorsqu'un Esclave est choisi » par son Maître pour tyranniser les autres » Esclaves, incertain pour le lendemain de » la fortune de chaque jour, il n'a d'autre » félicité, que celle d'assouvir l'orgueil, » les désirs & les voluptés de chaque jour.“ Le luxe est donc nécessaire dans les Etats despotiques.

Voici un autre raisonnement. L'égalité des biens fait l'excellence d'une République ; il suit que moins il y a de luxe dans une République, plus elle est parfaite. Le luxe est donc contraire à la perfection des Républiques ; par conséquent dangereux dans cette espéce de Gouvernement.

» A mesure que le luxe s'établit dans une » République, dit-on encore, l'esprit se » tourne vers l'intérêt particulier. A des » gens à qui il ne faut rien que le nécessai- » re, il ne reste à désirer que la gloire de » la Patrie & la sienne propre.

Mais on peut dire la même chose des Monarchies ; il est bien certain que si tous les Sujets se contentoient du nécessaire, il ne leur resteroit plus rien à désirer que la gloire du Prince, la leur propre, & celle de l'Etat. Il faut donc conclure aussi, par la même raison, que le luxe est dangereux dans un Gouvernement Monarchique. Ce n'est cependant pas là le sentiment de l'Auteur, qui dit expressément, que les Républiques finissent par le luxe, les Monarchies par la pauvreté ; & voici comme il le prouve. » Comme par la constitution » des Monarchies, les richesses y sont iné- » galement partagées, il faut bien qu'il y » ait du luxe. Si les riches n'y dépensent

» pas

» pas beaucoup, les pauvres mourront de » faim. Il faut même que les riches y dépensent à proportion de l'inégalité des » fortunes, & que le luxe y augmente dans » cette proportion. Les richesses particuliéres n'ont augmenté, que parce qu'elles ont ôté à une partie des Citoyens le » nécessaire physique; il faut donc qu'il » leur soit rendu. Ainsi, pour que l'État » Monarchique se soutienne, le luxe doit » aller en croissant, du Laboureur à l'Artisan, au Négociant, aux Nobles, aux » Magistrats, aux grands Seigneurs, aux » Traitans principaux, aux Princes; sans » quoi tout seroit perdu.

Cette gradation est admirable, *des grands Seigneurs aux Traitans.* Cela fait bien voir que ce n'est ni le rang ni la naissance, mais l'argent seul qui régle le luxe.

Mais le luxe ne dépend pas seulement de la forme du Gouvernement, il dépend encore plus de la nature du climat. Celui d'Angleterre admet le luxe, celui de la Chine le rejette, & en France on ne doit pas le craindre; en voici la raison. » En » Angleterre le sol produit beaucoup plus » de grain qu'il ne faut pour nourrir ceux » qui cultivent les terres, & cenx qui procurent les vêtemens. Il peut donc y a-

» voir

» voir des Arts frivoles, & par conséquent » du luxe. En France il croît assez de bled » pour la nourriture des Laboureurs, & » de ceux qui sont employés aux Manu- » factures. De plus le commerce avec les » Etrangers peut rendre pour *des choses fri- » voles* tant de choses nécessaires, qu'on » n'y doit guére craindre le luxe. A la » Chine au contraire, les femmes sont si » fécondes, & l'espéce humaine s'y multi- » plie à un tel point, que les terres, quel- » que cultivées qu'elles soient, suffisent à » peine pour la nourriture des Habitans. » Le luxe y est donc pernicieux, & l'esprit » de travail & d'économie y est aussi requis, » que dans quelques Républiques que ce » soit. Il faut donc s'attacher aux Arts né- » cessaires, & qu'on fuye ceux de la vo- » lupté.

Ne pourroit-on pas dire aussi, que puisque la Chine ne produit pas dequoi nourrir tous ses Habitans, il seroit à propos qu'une partie de ces mêmes Habitans s'appliquassent à *des choses frivoles*, pour se procurer, comme en France, par le commerce qu'ils en feroient avec les Etrangers, les choses les plus nécessaires; & pour réparer par ce moyen le défaut du climat : de sorte que ce défaut-là même seroit feroit justement la raison qui devroit introduire le luxe à la Chine.

Mais disons mieux; ce n'est ni la forme du Gouvernement, ni la nature du climat qui produit le luxe; ce sont nos passions, nos goûts, & sur-tout notre façon de penser. Tant qu'on croit, par exemple, qu'il y a de la gloire à être économe & frugal, on aime la frugalité & l'économie; mais sitôt qu'on commence à penser différemment, sitôt qu'on attache de l'honneur à tout ce qui a de l'éclat & qui brille; en un mot, sitôt qu'on regarde le luxe comme une marque de distinction, on aime le luxe. Il y a trois cens ans que la France formoit déja certainement un Etat Monarchique; que le climat étoit le même qu'il est aujourd'hui; on ne voyoit cependant alors ni édifices somptueux, ni équipages superbes, ni habits magnifiques; les maisons étoient simples, les tables frugales, les vêtemens modestes; nos ancêtres n'avoient chez eux ni tapisseries des Gobelins, ni glaces de Venise, ni tableaux de grand prix; c'est qu'ils ne croyoient pas les bonnes gens, que rien de tout cela pût les rendre, ni plus grands, ni plus estimables, ni plus heureux : mais aujourd'hui que la façon de de penser est différente; que ce n'est que par un certain éclat extérieur qu'on croit pouvoir se distinguer du reste des Citoyens; que c'est-là uniquement en quoi on fait consister la grandeur, la félicité, le mérite; aujourd'hui enfin qu'on n'est honoré qu'à proportion qu'on fait de la dépense, qu'à mesure qu'on donne dans le luxe, il n'est pas étonnant que le luxe se soit introduit parmi nous.

Quelle idée de vouloir tout attribuer au climat & au Gouvernement, & rien aux passions, au goût, aux préjugés, à l'éducation, à la mode; tout au physique & rien au moral; tout aux élémens & rien à l'homme! Le climat est dans *l'Esprit des Loix*, ce que le mouvement est dans l'Univers, la cause universelle de toutes choses. Ce qui régle le culte que l'on rend à la Divinité, c'est le climat; ce qui fait qu'une Nation a plus de vertu qu'une autre, c'est le climat; ce qui rend les femmes sages ou voluptueuses, c'est le climat: c'est le climat qui régle la dépense, la maniére de s'habiller, de se loger, de se meubler, de se nourrir. C'est le climat qui fait que les uns sont braves, les autres timides; que les uns ont de la bonne foi, & que les autres sont fourbes; que les uns ſouhaitent de vivre, les autres de mourir. Oui vraiment, c'eſt le climat qui fait que l'on ſe tue en Angleterre. Cette action eſt chez ces peuples une maladie de pays. » Les Anglois ſe tuent ſans qu'on » puiſſe imaginer aucune raiſon qui les y » détermine ; ils ſe tuent dans le ſein mê- » me du bonheur. Cette action chez les » Romains étoit l'effet de l'éducation, elle » tenoit à leur maniére de penſer & à leurs » coutumes. Chez les Anglois, elle eſt » l'effet d'une maladie; elle tient à l'état phy- » ſique de la machine, & eſt indépendan- » te de toute autre cauſe. Il y a appa- » rence que c'eſt un défaut de filtration du » ſuc nerveux : la machine dont les for- » ces motrices ſe trouvent à tout moment » ſans action, eſt laſſe d'elle même : l'a- » me ne ſent point de douleur, mais une » certaine difficulté de l'exiſtence. Il eſt » clair que les Loix Civiles de quelques » pays peuvent avoir eû des raiſons pour » flétrir l'homicide de ſoi-même : mais en » Angleterre on ne peut pas plus le pu- » nir, qu'on ne punit les effets de la dé- » mence.

Cet Ouvrage eſt ſi rempli de contradictions, que des propres principes de l'Auteur on peut tirer des conſéquences qui dé-

détruisent invinciblement encore ici son opinion. Il dit que *les Anglois se tuent dans le sein même du bonheur* : ce n'est donc pas par maladie. Si la santé est le plus grand des biens, la maladie est, par la raison des contraires, le plus grand des maux : on n'est pas dans le sein du bonheur quand on est malade.

Si *les Anglois se tuent dans le sein même du bonheur*, cette action n'est donc pas chez eux l'effet d'une *machine lasse d'elle-même*, & qui sent à tout moment *une certaine difficulté de l'existence*. Un homme accablé du poids de la vie, peut-il être supposé dans le sein du bonheur?

L'Auteur attribue cette espéce d'anéantissement, ce sentiment de la *difficulté de l'existence*, au défaut de filtration du suc nerveux, par lequel défaut *les forces motrices se trouvent à tout moment sans action.* Les Anglois sont cependant plus forts & plus robustes, que les peuples qui habitent les pays chauds; la force & la vigueur des membres sont contradictoires avec la débilité des *forces motrices*; elles supposent donc une abondante *filtration du suc nerveux.* C'est dans les pays chauds, où les *forces motrices* se trouvent fréquemment sans action, que la machine devroit plutôt se lasser d'elle-même.

Dans nos climats tempérés nous voyons que les hommes qui ont été occupés à des travaux fatiguans, éprouvent des lassitudes qui les accablent. Ils sentent dans ce cas la difficulté de l'existence; ils n'ont point de douleur locale; mais la dissipation des esprits a débilité & presqu'anéanti les *forces motrices*; ils ne songent cependant pas à se tuer, quoi qu'ils soient précisément dans la disposition requise par l'Auteur de *l'Esprit des Loix*, pour se porter à cette action.

Ce n'est donc point le climat qui fait que l'on se tue en Angleterre : écoutons un Anglois qui est sur le point de se donner la mort; il doit sçavoir quel est le sujet qui l'y détermine; il va nous dire si c'est par des raisons physiques, ou pour des causes morales; si c'est par un excès de folie, ou par un principe de sagesse qu'il veut se faire mourir.

* Mon cœur, mes sens flétris, ma funeste raison,
Tout me dit d'abréger le tems de ma prison.
Faut il donc sans honneur attendre la vieillesse,
Trainant pour tout destin les regrets, la foiblesse,
Pour objet éternel l'affreuse vérité,
Et pour tout sentiment l'ennui d'avoir été?
C'est au stupide, au lâche à plier sous la peine;

A

* *M. Gresset.*

A ramper, à vieillir sous le poids de sa chaîne;
Mais vous en conviendrés, quand on sçait réfléchir,
Malheureux sans remede, on doit sçavoir finir.

Parmi les motifs qui déterminent *Sidney* à se donner la mort, nous ne voyons pas qu'il apporte aucune cause Physique, ni aucune raison de politique; il ne s'en prend ni au climat ni au Gouvernement. Il ne dit pas » que c'est *un défaut de fil-* » *tration du suc nerveux*; que la machine, » dont *les forces motrices* se trouvent à » tout moment sans action, est lasse d'el- » le-même « : il dit seulement que la vie est pour lui un fardeau pesant dont il veut se délivrer par la mort.

Mais, dira-t-on, pourquoi la vie est-elle pour lui un fardeau si pesant, sinon par *un défaut de filtration du suc nerveux*, & parce que ses *forces motrices* se trouvent sans action? Encore une fois, ce n'est pas là la raison qu'il en apporte; la vie lui est à charge, parce qu'il est *malheureux sans reméde*; voilà pourquoi il veut la voir finir. Qu'on ne dise donc pas que les Anglois se tuent *dans le sein même du bonheur*; rien n'est plus faux. Il peut bien se faire peut-être que l'on ne connoisse pas toujours les véritables causes qui les portent à se détruire; mais ils n'en n'en viennent jamais à cette extrémité sans quelque sujet de chagrin ou réel ou imaginaire. Ce qu'on peut dire seulement, c'est qu'en Angleterre où l'on pense plus librement sur la Religion que par-tout ailleurs, on ne regarde pas comme un crime l'homicide de soi-même. D'ailleurs, les Loix n'y flétrissent point la mémoire de ceux qui se procurent une mort volontaire. A des gens qui ne craignent rien devant Dieu ni devant les hommes pour l'avenir, la mort est le remède le plus simple & le plus naturel aux maux présens qui les accablent.

C'est donc la façon de penser qui, comme chez les Romains, fait que l'on se tue en Angleterre, & non pas *le défaut de filtration du suc nerveux, l'inaction des forces motrices*, ou une maladie de climat.

* C'en est donc fait enfin, tout est fini pour moi ;
Ce breuvage fatal que j'ai pris sans effroi,
Enchaînant tous mes sens dans une mort tranquille,
Va du dernier sommeil assoupir cet argile !
Nul regret, nul remord ne trouble ma raison :
L'Esclave est-il coupable en brisant sa prison ?
Le Juge qui m'attend dans cette nuit obscure,
Est le Pére & l'ami de toute la nature ;

* *M. Gresset.*

Rempli de sa bonté, mon esprit immortel
Va tomber, sans frémir, dans son sein paternel.

La foi nous apprend que des flammes vengeresses attendent dans l'autre vie tout ceux qui se donnent eux-mêmes la mort dans celle-ci. Voici un Anglois qui manque de foi à cet égard & qui se persuade au contraire qu'une action pareille va être suivie d'une éternité de délices. Dira-t-on aussi, que c'est par *un défaut de filtration du suc nerveux*, par *l'inaction des forces motrices*, par maladie de climat, que cet Anglois manque de foi?

Mais si l'on ne peut pas dire que ce soit le climat qui fasse venir aux gens des envies de se tuer; n'est-ce pas lui du moins qui leur inspire de la valeur & du courage? Car enfin, si le climat ne fait pas tout, on ne peut pas nier cependant qu'il ne fasse quelque chose.

Que ce soit le climat qui rende les hommes braves & courageux, c'est-là une chose sur laquelle l'Auteur de *l'Esprit des Loix* ne croit pas qu'on puisse avoir aucun doute, & voici de quelle maniére il établit son sentiment.

» L'air froid resserre les extrémités des » fibres extérieures de notre corps; cela „ aug-

» augmente leur reſſort, & favoriſe le re-
» tour du ſang des extrémités vers le cœur.
» Il diminue la longueur de ces mêmes
» fibres; il augmente donc encore par-là
» leur force. Cette force plus grande doit
» produire plus de confiance en ſoi-mê-
» me, c'eſt-à-dire plus de courage.

» L'air chaud relâche les extrémités des
» fibres & les allonge; il diminue donc
» leur force & leur reſſort; mettés un hom-
» me dans un lieu chaud & enfermé, il
» ſouffrira une défaillance de cœur très-
» grande; ſi dans cette circonſtance on va
» lui propoſer une action hardie, je crois
» qu'on l'y trouvera très-peu diſpoſé; ſa
» foibleſſe préſente mettra un décourage-
» ment dans ſon ame; il craindra tout, par-
» ce qu'il ſentira qu'il ne peut rien.

„ Les Peuples des pays chauds, con-
„ clut l'Auteur, ſont timides comme les
„ vieillards le ſont; ceux des pays froids
„ ſont courageux, comme le ſont les jeu-
„ nes gens.

Tout ce raiſonnement roule ſur une ſup-
poſition fauſſe; ſçavoir que c'eſt la foibleſſe ou la force du corps qui rend les
hommes timides ou courageux. On pourroit citer une infinité d'exemples qui dé-
mentiroient ce principe. Dira-t-on, par

exemple, que parmi notre Nobleſſe il n'y ait pas plus de bravoure ni de véritable courage, que parmi ceux qu'elle emploÿe à cultiver ſes terres? Il eſt ſûr néanmoins, généralement parlant, que ceux-ci ſont plus forts & plus vigoureux que leurs maîtres. Ce n'eſt donc point la force ni la vigueur du corps qui inſpirent du courage; c'eſt la Naiſſance, l'éducation, les préjugés, le point d'honneur; en un mot c'eſt la façon de penſer & non pas le climat.

Que deux Payſans également forts & vigoureux, & nés ſous le même Ciel, entrent au ſervice du Roi, l'un dans un vieux Régiment de troupes réglées, & l'autre dans un Bataillon de Milice; ils ſeront, au bout de ſix mois, deux hommes tout différens. Pourquoi cela? C'eſt qu'ils auront pris l'un & l'autre, l'eſprit & la façon de penſer de leur corps. Un homme de mon Régiment, dira le premier, doit en avoir les ſentimens & la valeur; ſoyons donc brave & courageux, ſinon par tempérament, du moins par état, & pour nous rendre digne du Corps dont nous avons l'honneur d'être membre. Pour moi, dira le ſecond, je ne crois pas que ma qualité de Milicien exige des ſentimens si élevés; le Corps dont je suis me dispense de tant de bravoure, & pour être un bon Milicien, il n'est pas nécessaire d'être un César.

C'est donc, encore un coup, c'est la façon de penser qui rend ces deux hommes si différens, & non pas le climat. C'est la façon de penser & non le climat, qui fait de l'un un Achille, & de l'autre un Thersite. Voyons cependant ce que dit encore l'Auteur pour confirmer sont sentiment.

„ Si nous faisons attention aux derniè-„ res guerres, qui sont celles que nous „ avons le plus sous nos yeux, & dans „ lesquelles nous pouvons mieux voir „ de certains effets légers imperceptibles „ de loin, nous sentirons bien que les „ peuples du Nord transportés dans les „ pays du Midi, n'y ont pas fait d'aussi „ belles actions que leurs Compatriotes, „ qui combattant dans leur propre cli-„ mat, y jouissoient de tout leur cou-„ rage.

A cela je réponds, que si les Allemands, dans les guerres dont parle ici l'Auteur, (car il s'agit de celles pour la succession d'Espagne) si, dis-je, les Allemands n'ont pas eu des succès si éclatans

Villaviciosa, qu'ils en avoient eu à Hochstet, s'ils n'ont pas fait de si belles actions à Almanza, qu'à Ramillies, ce n'est pas que la chaleur d'Espagne ait *allongé leurs fibres* & diminué leur courage ; ce n'est pas que ce climat leur ait causé une *défaillance de cœur*, & qu'ils en soient devenus plus timides ; mais c'est par la raison toute simple, qu'on ne fait jamais la guerre avec tant de succès dans une région éloignée, que sur ses frontiéres ; chez une nation étrangére, que dans son propre pays, quand même le climat seroit égal. Tout s'oppose aux entreprises d'une armée ennemie dans un pays éloigné du sien ; elle n'en connoît ni la langue, ni le caractére, ni la situation, ni les chemins ; & par-là elle est exposée à de plus grandes fautes. S'il lui arrive un malheur, il lui est très difficile de le réparer ; si elle perd du monde, il lui est impossible de le remplacer ; les avantages mêmes qu'elle peut avoir, il est rare qu'elle puisse les conserver longtems, & le moindre échec est presque toujours suivi d'une infinité de disgraces. D'ailleurs elle trouve autant d'ennemis à combattre qu'il y a d'habitans ; & chaque ennemi devient lui-même un guerrier redoutable, toujours prêt à tout entrepren-

dre

dre pour défendre ses biens, sa femme, ses enfans & sa vie. Voilà les véritables causes auxquelles on doit attribuer le peu de succès qu'ont eu les Impériaux dans la derniére guerre qu'ils ont faite en Espagne; & non pas au prétendu *allongement des fibres*, à la *défaillance de cœur*, au climat. Les peuples du Nord transportés dans les pays du Midi, les peuples du Midi transportés dans les pays du Nord, les peuples mêmes d'un climat tempéré transportés dans un climat pareil au leur, mais éloigné, n'y feront jamais des actions plus glorieuses que les Allemands en Espagne, pour les raisons que je viens de dire. Eh quoi? le climat du Danube & de la Moldaw n'est-il pas à peu près semblable à celui de la Meuse & de l'Escaut? Cependant quelle différence entre nos derniéres Campagnes en Bohême & en Baviére, & celles qui les ont suivies en Flandres quelques années après? Si les François n'ont pas fait la guerre avec autant de succès en Allemagne que dans les Pays-Bas, on ne dira pas certainement que la chaleur leur ait *allongé les fibres* & diminué le courage, puisque tout le monde sçait qu'ils ont été obligés plusieurs fois de coucher dans la neige, & qu'ils y ont soufſert le froid le plus rigoureux ; mais c'eſt qu'ils avoient à combattre dans des pays éloignés, au lieu qu'en Flandres ils faiſoient la guerre ſur leurs propres frontiéres. D'ailleurs ils y avoient à leur tête un Roi victorieux, l'amour de ſon peuple, les délices de ſon armée, le pére de ſes ſoldats, qui les menoit lui-même à la gloire au travers de mille périls. Voilà le véritable climat qui donne la bravoure, & fait paſſer juſques dans l'ame des plus timides cette force, cette chaleur martiale qui font les héros. Il anime, il échauffe, il embraſe le cœur des troupes par ſa préſence. Le froid le plus rigoureux, les chaleurs exceſſives, le dérangement des ſaiſons, rien de tout cela n'eſt capable de rallentir l'ardeur, ni de diminuer le courage qu'il lèur inſpire. Encore une fois, s'il y a dans le monde un climat qui rende les hommes courageux, ce ne peut être que celui où régne un Prince de ce caractére, l'exemple des bons Rois & le modéle des Héros.

Cependant l'Auteur toujours ferme dans ſon opinion, ne paroît pas fort diſpoſé à en rien rabattre. Il enchérit au contraire ſur tout ce qu'il a déja dit ; & il prétend que la différence du courage cauſée par

çelle

celle du climat » se remarque non seule-
» ment de Nation à Nation ; mais encore,
» dans le même pays, d'une partie à une
» autre : que les peuples du Nord de la
» Chine, par exemple, sont plus coura-
» geux que ceux du Midy : que les peuples
» du Midy de la Corée ne le sont pas tant
» que ceux du Nord. « Il ne dit pas que la même chose arrive en France ; mais il le fait assez entendre, & l'on peut aisément le conclure de ses principes. Voilà donc les Provençaux, les Languedociens, les Gascons déclarés moins braves que les Bretons, les Normands & les Picards. Quelle injure, sur-tout pour les Habitans de la Garonne, elle qui s'étoit toujours vantée de n'avoir vû naître que des Césars sur ses bords ! Quel coup plus terrible l'Auteur de cet Ouvrage pouvoit-il porter à sa Patrie ? Eh ! quoi, étoit-ce donc par un de ses enfans les plus chéris, que cette Province intrépide devoit se voir enlever une partie de sa gloire ? Ne l'avoit-elle comblé de toutes les richesses de l'esprit, que pour qu'il en fit contre elle-même un usage si cruel ? Que les Provinces Méridionales de la France nous vantent actuellement la beauté de leur Ciel, l'excellence de leurs fruits, la vivacité de leurs Habitans ;

tans; nous avons sur elles la supériorité de la bravoure & du courage, fruits du climat mille fois plus excellens, que les figues, les raisins, les olives du Languedoc & de la Provence.

L'Auteur de *l'Esprit des Loix* pour donner toujours plus de force à son raisonnement, & à son sentiment plus de vraisemblance, se fait une objection très-forte à lui-même, & il y répond on verra comment. Après avoir dit que dans les pays chauds de l'Asie les peuples sont sans courage, il ajoute : » mais comment accorder cela avec leurs actions atroces, » leurs coutumes, leurs pénitences barbares ? Les hommes s'y soumettent à des » maux les plus incroyables : les femmes » s'y brûlent elles-mêmes. Voilà bien de » la force pour tant de foiblesse. « Voici de quelle maniére on répond à cette objection.

» La nature qui a donné à ces peuples » une foiblesse qui les rend timides, leur a » donné aussi une imagination si vive, que » tout les frappe à l'excès. Cette même » délicatesse d'organes qui leur fait craindre la mort, sert aussi à leur faire redouter mille choses plus que la mort. C'est » la même sensibilité qui leur fait fuir tous » les

» les périls, & les leur fait tous braver.

J'ai, je crois, suffisamment prouvé un peu plus haut, que ce n'est ni la force du corps, ni le ressort des fibres, mais l'éducation, les préjugés, le point d'honneur, en un mot, que c'est la façon de penser qui produit le courage. De ce principe & des derniéres paroles de l'Auteur, je tire une conséquence aussi favorable à ceux qui habitent les pays chauds, qu'elle est contraire à son opinion. Il convient que ces peuples ont l'imagination vive & le sentiment fort délicat; ils doivent donc saisir plus vivement les maximes qu'on leur inspire; ils doivent en être affectés plus fortement que dans les pays du Nord. Or supposons que ce soit une maxime établie parmi eux, que la plus grande de toutes les infamies est de craindre la mort & de fuir devant son ennemi; que la plus grande gloire au contraire, est de l'attaquer & de le vaincre : supposons, dis-je, que ce soit-là le préjugé général de toute une Nation, & la premiére leçon qu'on y apprend dans l'enfance; n'est-il pas évident que cette façon de penser, dans un climat où l'imagination est plus vive, & la sensibilité plus grande, y produira nécessairement aussi plus de courage?

ge ? Concluons donc, & toujours ſelon les principes de l'Auteur, quoique contre lui, que les peuples du Midy, à raiſon même de la chaleur du climat, devroient être plus braves, plus courageux, plus intrépides que ceux du Nord.

Le climat des Lacédémoniens étoit plus chaud certainement que celui des Hollandois; cependant on ne peut pas diſconvenir, qu'il n'y ait eu à Sparte plus de valeur, d'intrépidité & de bravoure, qu'il n'y en a actuellement à Amſterdam & à la Haye. D'où vient donc cette différence ? De la façon de penſer de ces deux peuples. On regardoit la bravoure à Lacédémone, comme la premiére de toutes les vertus; les méres l'inſpiroient elles-mêmes à leurs enfans dès l'âge le plus tendre; on leur en faiſoit des leçons publiques, & cette qualité devoit être comme le caractére diſtinctif de la Nation. Il n'en eſt pas de même de la Hollande; c'eſt que l'éducation qu'on y reçoit eſt auſſi bien différente. La premiére choſe qu'on apprend aux jeunes gens, c'eſt le Commerce; & l'on ſçait que pour être un bon Marchand il n'eſt pas néceſſaire d'avoir beaucoup de courage. Auſſi voit-on dans ce pays-là plus de de riches Négocians que de bons Soldats. Ce n'eſt donc, je le répete, ce n'eſt ni le froid, ni le reſſort des fibres, ni la force du corps, ni le climat; mais c'eſt l'éducation, les préjugés, le point d'honneur, en un mot, c'eſt la façon de penſer qui produit le courage. Avançons, & voyons auſſi de quelle maniére l'Auteur prétend que le climat rend les hommes fourbes & trompeurs.

Les Chinois, dit-il, ſont le peuple le plus fourbe de la terre; & voici la raiſon qu'il en apporte. » Par la nature du » climat & du terrein, ce peuple a une » vie précaire ; on n'y eſt aſſuré de ſa » vie qu'à force d'induſtrie & de travail : » c'eſt donc, conclut l'Auteur, c'eſt la né» ceſſité & peut-être la nature du climat » qui ont donné à tous les Chinois une » avidité inconcevable pour le gain; les » Loix n'ont pas ſongé à l'arrêter. Tout » a été permis, quand il s'eſt agi d'acqué» rir par artifice ou par induſtrie. Ne » comparons donc pas la morale des Chi» nois avec celle d'Europe. Chacun à la » Chine a dû être attentif à ce qui lui étoit » utile : ſi le fripon a veillé à ſes inté» rêts, celui qui eſt dupe devoit penſer aux » ſiens. A Lacédémone il étoit permis

» de

» de voler : à la Chine il eſt permis de
„ tromper.

Que la mauvaiſe foi ſoit permiſe à la Chine, & cela uniquement à cauſe de la nature du climat, c'eſt ce que perſonne n'avoit encore imaginé : mais ſans inſiſter davantage ſur la ſingularité de cette idée, je me contenterai de rapporter ici ce que dit M. de M.... lui-même dans ſa *Défenſe de l'Eſprit des Loix*, à l'Auteur d'une certaine Gazette qui trouvoit mauvais qu'il n'eût point parlé de la Grace. » C'eſt une choſe triſte, dit-il, d'avoir à » faire à un homme qui n'a qu'une idée » dominante. C'eſt le Conte de ce Curé » de Village à qui des Aſtronomes mon- » troient la Lune dans un Téleſcope, & » qui n'y voyoit que ſon clocher. « L'Auteur de *l'Eſprit des Loix* n'apperçoit non plus par-tout lui-même que le climat ; c'eſt ſon clocher.

Si tout ce que j'ai dit ne ſuffit pas pour en convaincre, qu'on liſe ſeulement encore ce qui ſuit : c'eſt-là qu'on verra ſa doctrine expoſée dans tout ſon jour.

» Dans les pays froids, dit-il, on aura » peu de ſenſibilité pour les plaiſirs : elle » ſera plus grande dans les pays tempé- » rés : dans les pays chauds elle ſera ex-

» trê-

» trême. Comme on distingue les climats » par les degrés de Latitude, on pourroit » les distinguer, pour ainsi dire, par » les degrés de sensibilité.

» Il en sera de même de la douleur : » les fibres grossiéres des peuples du Nord » sont moins capables de dérangement, » que les fibres délicates des peuples des » pays chauds; l'ame y est donc moins » sensible à la douleur. Il faut écorcher » un Moscovite pour lui donner du sen- » timent.

» Dans les climats du Nord à peine le » physique de l'amour a-t-il la force de » se rendre bien sensible. Dans les climats » tempérés l'amour accompagné de mille » accessoires, se rend agréable par des cho- » ses qui d'abord semblent être lui-même, » & ne sont pas encore lui. Dans les cli- » mats plus chauds on aime l'amour pour » lui-même; il est la cause unique du bon- » heur; il est la vie.

» Vous trouverez dans les climats du » Nord des peuples qui ont peu de vi- » ces, assez de vertus, beaucoup de sin- » cérité & de franchise. Approchez des » pays du Midy, vous croirez vous éloi- » gner de la morale même; des passions » plus vives multiplieront les crimes; cha-

» cun

» cun cherchera a prendre ſur les autres » tous les avantages qui peuvent favoriſer » ces mêmes paſſions. Dans les pays tem- » pérés vous verrez des peuples inconſtans » dans leurs maniéres, dans leurs vices mê- » mes & dans leurs vertus. Le climat n'y » a pas une qualité aſſez déterminée pour » les fixer eux-mêmes.

» La chaleur du climat peut être ſi ex- » ceſſive, que le corps y ſera abſolument » ſans force : pour lors l'abbatement paſ- » ſera à l'eſprit même. Aucune curioſité, » aucune noble entrepriſe, aucun ſentiment » généreux. Les inclinations y ſeront tou- » tes paſſives ; la pareſſe y ſera le bon- » heur ; la plûpart des chatimens y ſeront » moins difficiles à ſoutenir, que l'action » de l'ame : & la ſervitude moins ſuppor- » table que la force d'eſprit qui eſt néceſ- » ſaire pour ſe conduire ſoi-même.

» L'ivrognerie ſe trouve établie par tou- » te la terre, dans les proportions de la » froideur & de l'humidité du climat. Paſ- » ſez de l'Equateur juſqu'à notre Pôle, » vous y verrez l'ivrognerie augmenter » avec les degrés de latitude. Paſſez du » même Equateur au Pôle oppoſé, vous » y trouverez l'ivrognerie aller vers le » Midy, comme de ce côté-ci elle avoit » été vers le Nord.

„ Dans

» Dans les pays froids l'usage presque » nécessaire des boissons fortes établit l'in» tempérance parmi les hommes. Les fem» mes qui ont à cet égard une retenue na» turelle, parce qu'elles ont toujours à se » défendre, ont encore l'avantage de la » raison sur eux.

N'ai-je donc pas eu raison de dire que l'Auteur de cet Ouvrage ne voit par-tout que le climat? Il le voit dans l'ivrognerie & dans la sobriété; dans l'émulation & dans la paresse; dans la douleur & dans le plaisir. Il le voit dans l'amour & dans l'indifférence; dans la fourberie & dans la bonne foi; dans le mépris & dans la crainte de la mort. Il le voit dans la lâcheté & dans le courage; dans l'économie & dans le luxe; dans l'incontinence & dans la pudeur. Par-tout c'est le climat qui décide, qui gouverne; *& le premier de tous les Empires, c'est*, dit-il, *l'empire du climat.*

Je conviens avec l'Auteur que le climat & les autres causes Physiques produisent un nombre infini d'effets; & que, comme il dit dans sa *Défense*, il faudroit être *stupide* pour dire le contraire. Mais je ne conviens pas également de ce qu'il ajoute un peu plus bas, que » toute la question

»se réduit à sçavoir, si dans des pays »éloignés entr'eux, si sous des climats »différens, il y a des caractéres d'esprit »nationaux; s'il y a de certaines quali-»tés du cœur plus fréquentes dans un »pays que dans un autre.« Ce n'est point là du tout l'état de la question; l'état de la question est de sçavoir, si ces différens caractéres d'esprit qu'on remarque dans les divers pays, si ces qualités du cœur plus fréquentes dans un climat que dans un autre, si, dis-je, tout cela est véritablement l'effet du climat. Voilà uniquement à quoi la question se réduit. Or je prétens moi, que le climat n'entre pour rien dans la plûpart des effets que l'Auteur lui attribue. C'est à la vérité le climat qui fait qu'on se nourrit de Bled en Europe, & de Ris à la Chine; que l'on boit du Vin en France, & de la Bierre en Angleterre; qu'en Espagne on est vêtu de laine, & de coton dans les Indes. Mais que ce soit le climat qui régle les mœurs; qu'il y ait *de tels climats où le Physique a une telle force, que la Morale n'y puisse presque rien*; c'est ce qu'on n'a point assez prouvé. Le climat est toujours le même, il doit donc agir aussi toujours d'une maniére uniforme. Ce qu'il fai-

faiſoit autrefois, il doit le faire encore aujourd'hui, & s'il ne le fait pas, on peut aſſurer qu'il ne l'a jamais fait ni pû faire. Par exemple, l'Auteur prétend que c'eſt le climat qui produit le courage, & moi je ſoutiens que c'eſt la façon de penſer; pour ſçavoir lequel des deux a raiſon, il n'y a qu'à conſidérer ce qu'étoient les Romains du tems de la République & ce qu'ils ſont aujourd'hui par rapport à la bravoure. Je ne ferai point de parallele, on ſent qu'il ſeroit trop à l'avantage des anciens. Je dirai ſeulement avec un de nos Poëtes :

Ce Pays-là n'eſt plus cette antique Itâlie
Des dépouilles du monde autrefois annoblie,
Qui fit craindre en tout lieu ſes armes & ſes Loix,
Triompha vaillamment de nos premiers Gaulois;
Qui dans Rome tonnant du haut du Capitole,
Etonnoit tous les Rois d'une ſeule parole.
On ne voit plus ſes Chefs par la gloire animés,
S'armer pour le ſecours des Peuples opprimés;
Et fiers perſécuteurs des Tyrans & des crimes
Remettre en leurs Etats les Princes légitimes.

Si les Romains ne ſont plus aujourd'hui ce qu'on voit qu'ils étoient alors, d'où peut venir cette différence; du climat? mais Rome n'a pas changé de place, elle eſt toujours ſous le même Ciel; pourquoi donc les soldats du Pape ne sont-ils pas encore aujourd'hui, ce qu'étoient autrefois ceux de Pompée, de Scipion & de Paul-Emile? Il en faut revenir à la raison que j'ai apportée d'abord; c'est que les Romains ne pensent plus à présent comme du tems de ces Grands hommes. Rome met aujourd'hui toute sa gloire à former de bons Prêtres & de saints Religieux, & elle laisse à d'autres le soin d'avoir de bonnes troupes. Contente des honneurs du Sanctuaire, elle en préfére les fonctions pacifiques aux exercices sanguinaires des enfans de Mars. Semblable à la montagne de Raphidim, de nouveaux Moyses y lévent les mains vers le Ciel, tandis que les Josués combattent vaillamment dans la plaine. Tant que les Romains ont été flattés de l'éclat des héros, Rome elle-même a été l'école de la valeur & de l'héroisme; mais depuis qu'ils ne sont plus touchés que de la gloire des Saints, l'honneur de la sainteté est aussi le seul avantage auquel ils aspirent. On dira peut-être encore que c'est le climat qui donne ce goût, cette ardeur pour la sainteté; mais que l'on se rappelle les siécles de Domitien, de Néron & de Caligula, on verra que le climat toujours constant

tant dans sa façon d'agir, ne produisoit alors rien de pareil.

Qu'on remonte jusqu'aux tems les plus reculés; qu'on se transporte dans tous les différens pays; qu'on lise les Histoires de tous les Peuples; & je suis persuadé que dans le même climat on trouvera à peine deux siécles de suite qui se ressemblent. Au tems de Lysander & d'Alcibiade, Sparte & Athenes ne se souvenoient presque plus des Loix de Solon & de Licurgue. Sous Darius & sous Alexandre, les Perses, pour ainsi dire, n'étoient déja plus le même Peuple. Quelle différence entre les Romains sous le Consulat de Pompée & sous le régne de Tibére? entre les Moscovites d'aujourd'hui & ceux du dernier siécle? Les Loix, les Mœurs, les Coutumes, le Gouvernement, la Religion, la Morale, les inclinations, les vices, les vertus n'ont jamais eu de forme constante dans aucun pays du monde; & pour peu qu'on fasse de recherches dans l'antiquité, on trouvera peut-être, sans être obligé de remonter trop haut, que les Anglois ont été dévots autrefois, les Espagnols actifs & laborieux, les Portugais incrédules. On trouvera qu'il y a eu de la bonne foi chez les Italiens, de la diſcrétion parmi les François, & chez les Allemands de la ſobriété & de la tempérance. Si tous ces Peuples ſont différens aujourd'hui de ce qu'ils étoient dans ces tems-là, ce changement doit-il s'attribuer au climat, qui a toujours été le même? Un homme ſeul peut bien changer les mœurs, les uſages, les coutumes de pluſieurs Peuples; mais tous les climats enſemble ne changeront pas le caractére d'un ſeul homme. Nous voyons tous les jours des gens qui ont voyagé dans toutes les parties du monde & qui y ont même vécu aſſez long-tems; mais ils en ſont revenus tout comme ils y étoient allés; & les climats différens qu'ils ont parcourus, n'ont pas produit en eux le moindre changement.

Il eſt donc aiſé de voir à préſent par tout ce que j'ai dit, quel fond on doit faire ſur un ouvrage qui fait dépendre du Gouvernement & du climat les choſes du monde qui y ont le moins de rapport, la Religion & la Morale. Je conviens qu'il n'en eſt pas de même de la Politique & de la Juriſprudence; elles tiennent l'une & l'autre par tant d'endroits au climat & au Gouvernement, que je ſerai du ſentiment de l'Auteur, ſur preſque tous les points qui

qui vont faire le sujet des articles suivans. Je finirai celui-ci par une pensée sur le Monachisme, que l'on fait encore dépendre ici, comme tout le reste, de la nature du climat. Il en est des Moines, dans ce sentiment, à peu près comme du Ris, qui croît plus volontiers dans les pays chauds que dans les pays froids; mais il s'en faut bien que l'Auteur reconnoisse la même utilité dans l'une & dans l'autre de ces deux graines.

» Le Monachisme, dit-il, est né dans » les pays chauds d'Orient, où l'on est » moins porté à l'action qu'à la spécula- » tion. En Asie, le nombre de Dervichs » ou Moines, semble augmenter avec la » chaleur du climat; les Indes, où elle » est excessive, en sont remplies; on trou- » ve en Europe cette même différence. » Pour vaincre la paresse du climat il fau- » droit que les Loix cherchassent à ôter » tous les moyens de vivre sans travail; » mais dans le Midi de l'Europe elles font » tout le contraire; elles donnent à ceux » qui veulent être oisifs, des places pro- » pres à la vie spéculative, & y attachent » des richesses immenses. Ces gens qui vi- » vent dans une abondance qui leur est » à charge, donnent avec raison leur su-

» perflu au bas peuple : il a perdu la propriété des biens, ils l'en dédommagent » par l'oisiveté dont ils le font jouir, & il » parvient à aimer sa misére même. Aussi, » ajoute l'Auteur dans un autre endroit, » Henri VIII. voulant réformer l'Eglise » en Angleterre, détruisit les Moines, » nation paresseuse elle-même, & qui en» tretenoit la paresse des autres.

Je pourrois fort bien objecter ici que les Moines d'Allemagne & des pays Catholiques du Nord sont plus riches que ceux d'Espagne & d'Italie; mais ce n'est point à moi à refuter les idées de l'Autenr sur le Monachisme; il y a en France plus de trois cent-mille personnes, que ce soin regarde plus particuliérement.

ARTICLE III.

LA POLITIQUE,

Considérée par rapport au CLIMAT *&* *au* GOUVERNEMENT.

VOICI l'endroit brillant de cet Ouvrage; la Politique. L'Auteur traite cette partie avec toute l'intelligence d'un homme

homme d'Etat, & avec aussi peu d'ordre que les deux autres. Tout est ici dans une confusion extrême; & jamais on n'a vû à la fois autant de génie & si peu de méthode. Tâchons pourtant, si nous pouvons, de débrouiller ce cahos: tirons-en des astres, des soleils, des élémens, reglons leur cours, fixons leurs limites, & continuons, comme nous avons fait jusqu'à présent, à mettre toujours chaque chose à sa place. C'est rendre un grand service à quantité de gens, qui parlent beaucoup de ce Livre & ne le connoissent pas; qui tous veulent l'avoir & ne le lisent pas; ou qui le lisent peut-être, mais qui ne l'entendent pas. Reprenons donc le fil du labirinthe, & poursuivons la route que nous nous sommes tracée.

Le Climat & le Gouvernement, voilà les deux objets qu'il ne faut jamais perdre de vue dans la lecture de cet Ouvrage; & voici en particulier ce que nous devons examiner actuellement: quelle est dans le sentiment de l'Auteur, la politique propre de chaque Gouvernement; quel est le Gouvernement qui convient mieux à chaque climat.

Ce sont là comme les deux parties de cet article, dans lesquelles je tâcherai, quoi

quoi qu'en ſuivant le plan de l'Auteur, d'éviter la confuſion qui régne dans ſon ouvrage. Comme lui, je parlerai de la nature & des principes des différens Gouvernemens, de leur conſervation & de leur ruine, de leur liberté & de leurs conquêtes; mais en même tems j'éloignerai avec ſoin tout ce qui n'aura point aſſez de rapport avec ces différens objets.

L'Auteur diſtingue comme tout le monde, trois ſortes de Gouvernemens, le Républicain, le Monarchique & le Deſpotique. Le Gouvernement Républicain eſt celui où le peuple en corps, ou ſeulement une partie du peuple a la ſouveraine puiſſance; voici quelle eſt la politique qui convient davantage à cette eſpéce de Gouvernement.

Il eſt queſtion d'abord des Citoyens qui doivent former les aſſemblées. La bonne politique veut que le nombre en ſoit déterminé. Dans un Etat où rien ne ſe fait que par l'autorité du peuple, il faut ſçavoir ſi le peuple a parlé ou non; & comment le ſçaura-t-on, ſi on ne fixe le nombre de ceux qui doivent donner leur ſuffrage? » A Rome née dans la petiteſſe » dour aller à la grandeur, à Rome faite » pour éprouver toutes les viciſſitudes de » la

» la fortune, à Rome qui avoit tantôt » presque tous ses Citoyens hors de ses » murailles, tantôt toute l'Italie & une » partie de la terre dans ses murailles, on » n'avoit point fixé ce nombre; & ce fut » une des grandes causes de sa ruine.

Il s'agit en second lieu de l'élection des Magistrats, & de ceux qui doivent commander les armées de la République; car l'Auteur ne veut pas que ce soit le peuple qui gouverne par lui-même, mais seulement par ses Ministres. » Le peuple a toujours trop d'action ou trop peu: quel- » quefois avec cent mille bras il renverse » tout; quelquefois avec cent mille pieds il » ne va que comme les insectes. « Mais ce même peuple est admirable pour choisir ceux à qui il doit confier quelque partie de son autorité. » Il n'a à se déterminer » que par des choses qu'il ne peut ignorer, » & des faits qui tombent sous les sens. Il » sçait très bien qu'un homme a été sou- » vent à la guerre, qu'il y a eu tels ou tels » succès; il est donc très capable d'élire » un Général. Il sçait qu'un Juge est assi- » du, que beaucoup de gens se retirent de » son tribunal contens de lui, qu'on ne l'a » pas convaincu de corruption; en voilà » assez pour qu'il élise un Préteur. Toutes » ces

» ces choses sont des faits dont il s'instruit » mieux dans la place publique, qu'un » Monarque dans son Palais.

La politique demande aussi qu'une République n'ait qu'un petit territoire, pour éviter les fortunes immoderées, & les trop grandes richesses dans un particulier. Un homme qui posséde de grands biens, sent d'abord qu'il peut être heureux sans le secours de sa patrie, & bientôt qu'il peut être seul grand sur les ruines de sa patrie.

La politique veut donc encore par conséquent, que les terres de la République soient partagées également entre tous les Citoyens; & pour entretenir cette égalité, il faut régler les dots des femmes, les donations, les successions, les Testamens; il faut que tous les enfans reçoivent une égale part dans la succession de leur Pére; & si cette égalité vient à se perdre, il faut que des loix particuliéres imposent aux riches de nouvelles charges, qu'elles accordent aux pauvres du soulagement, & qu'elles égalisent, pour ainsi dire, l'inégalité des Citoyens.

L'Auteur parle aussi de la division du peuple en plusieurs classes, de la maniére de donner son suffrage dans les élections, des moyens de prévenir les bri-

gues,

gues, & des abus qui réſultent de la trop grande autorité confiée à un Citoyen. Il diſtingue enſuite les différentes ſortes de Républiques, il remarque le caractére de chacune en particulier, & il fait voir les avantages & les inconvéniens des unes & des autres. Voilà ce qui concerne la nature du Gouvernement populaire.

Le monarchique eſt celui où un ſeul gouverne, mais par des loix fixes & établies. La politique demande qu'il y ait dans ce Gouvernement des rangs intermédiaires entre le peuple & le Monarque, c'eſt-à-dire, des Seigneurs, de la Nobleſſe, un Clergé, ſans quoi on aura bientôt un état populaire, ou bien un état deſpotique. » Autant le pouvoir du Clergé eſt dangereux dans une République, » autant eſt-il convenable dans une Monarchie ; ſurtout dans celles qui vont au » deſpotiſme. Où en ſeroient l'Eſpagne » & le Portugal depuis la perte de leurs » Loix, ſans ce pouvoir qui arrête ſeul » la puiſſance arbitraire ? Barriére toujours » bonne lorſqu'il n'y en a point d'autres. » Car comme le deſpotiſme cauſe à la nature humaine des maux effroyables, le » mal même qui le limite eſt un bien.

Mais il ne ſuffit pas qu'il y ait dans une

une Monarchie des pouvoirs intermédiaires ; il faut encore un dépot de Loix. Ce dépot ne peut être ni dans le conſeil du Prince, ni dans la Nobleſſe. » Le conſeil » du Prince, dit l'Auteur, change ſans » ceſſe ; il n'eſt point permanent ; il ne » ſçauroit être nombreux ; il n'a point à un » aſſez haut degré la confiance du peu» ple ; il n'eſt donc pas en état de l'éclai» rer dans les tems difficiles, ni de le ra» mener à l'obéiſſance.

» L'ignorance naturelle de la Nobleſſe, » ſon inattention, ſon mépris pour le Gou» vernement civil exigent qu'il y ait un » corps qui faſſe ſans ceſſe ſortir les loix » de la pouſſiére où elles ſeroient enſe» velies.

Comme les choſes s'exécutent avec beaucoup de promptitude dans les Monarchies, & que cette promptitude pourroit dégénerer en rapidité, il faut, dit l'Auteur, que ceux qui ont le dépôt des loix, apportent » dans les affaires du Prince cet» te réflexion, qu'on ne peut guère atten» dre du défaut de lumiéres de la Cour » ſur les Loix de l'Etat, ni de la préci» pitation de ſes conſeils.

Il faut encore qu'un Etat Monarchique ne ſoit ni trop grand, ni trop petit. Trop grand,

grand, il affoibliroit l'autorité du Prince, ou il dégénereroit en despoutisme. Trop petit, le Prince y seroit aisément opprimé par une force étrangére, ou même par une force domestique : le peuple pourroit à chaque instant se réunir contre lui, & faire de son Etat une République.

Le Gouvernement despotique est celui où un seul, sans loi & sans régle, entraine tout par sa volonté. Dans ce Gouvernement la politique veut que le pouvoir du Prince passe tout entier entre les mains de ceux à qui il le confie; que le Visir soit le despote, que chaque Gouverneur soit le Visir, & que les Officiers particuliers ayent chacun dans leur district la même autorité que les Gouverneurs. Quiconque répond des autres sur sa vie, doit avoir droit sur la vie des autres.

La nature de ce Gouvernement demande dans les Sujets une obéissance extrême. La volonté du Prince est la loi; & la loi une fois connue, il n'y a ni remontrances, ni accommodement, ni modifications à opposer. L'homme est une créature qui se soumet à une créature qui veut. Il ne faut donc pas qu'il raisonne, qu'il s'excuse, qu'il délibere ou qu'il refuse, sans quoi ce Gouvernement périroit.

Comme

Comme il n'y a aucune loi fondamentale dans les Etats despotiques, qui régle l'ordre de la succession à l'Empire, & que tous les Princes de la famille Royale ont une égale capacité pour être élûs, la politique de celui qui monte sur le thrône exige qu'il se défasse de tous ses fréres par le fer, la corde, ou le poison; sans quoi chaque vacance de thrône seroit suivie d'une affreuse guerre civile; les fréres du Monarque étant en même-tems ses esclaves & ses rivaux.

Dans un Etat où le Prince est le maître des biens de ses sujets, & où les confiscations sont fréquentes, on doit plus penser à jouir du présent, qu'à amasser pour l'avenir. Delà vient qu'on y voit beaucoup d'usure, & peu de commerce.

C'est une très mauvaise politique dans le despote, de se déclarer propriétaire de tous les fonds de terre, & l'héritier de tous ses sujets. On ne répare rien alors, on n'améliore rien. On ne plante point d'arbres, on ne bâtit que pour la vie. On tire tout de la terre, on ne lui rend rien; & l'on ne croit avoir en propre que l'or ou l'argent qu'on peut cacher.

Voilà, à peu de chose près, à quoi se réduit tout ce que dit l'Auteur de *l'Esprit des*

des Loix, en divers endroits de son Livre, sur la nature des différens Gouvernemens. On trouve les mêmes choses dans presque tous les Auteurs qui ont écrit sur la Politique ; mais ce qu'on n'y trouve pas également, c'est cette force d'expressions, cette noblesse de pensées, cette abondance de lumiéres, cette profondeur de réflexions qu'on n'avoit point vû encore, & qu'on ne verra peut-être jamais dans aucun de nos Ecrivains. Ce sont ces images grandes, nobles, sublimes, qui naissent à chaque instant sous la main de l'Auteur, excitent l'étonnement des lecteurs, & font de toutes les pages de ce livre comme autant de magnifiques tableaux de chaque chose qu'on y représente. Voilà ce qui fera toujours de *l'Esprit des Loix* un ouvrage unique, & dans lequel il n'y aura jamais autant à reprendre qu'à admirer. Un ouvrage dont tout le monde sera capable de sentir les beautés, & dont très peu de personnes seront en état de remarquer les défauts. Un ouvrage que ceux qui le liront le plus, gouteront le moins, & que ceux qui l'entendront le moins, loueront le plus. Un ouvrage dont on retiendra quelques maximes, mais qu'on n'approfondira point ; dont on recommencera souvent la lecture, mais qu'on n'achevera presque jamais de lire entiérement. Les gens d'esprit en le critiquant l'admireront, & les sots l'admireront pour paroître avoir de l'esprit ; & ce sera le grand nombre. Il y a donc dans cet ouvrage des morceaux admirables ; personne ne l'a dit plus haut, ni ne l'a répété plus souvent que moi ; mais enfin, comme je l'ai dit aussi, ce ne sont que des morceaux. L'or est à la superficie, la terre est dans le centre ; mais laissons cette terre, prenons de l'or. En voici que j'ai ramassé de côté & d'autre pour en faire une statue à la gloire de l'Auteur. Je ne le présente qu'en lingots ; ses partisans le mettront en œuvre.

» Les hommes sont tous égaux dans le » Gouvernement Républicain ; ils sont é- » gaux dans le Gouvernement despotique. » Dans le premier, c'est parce qu'ils sont » tout ; dans le second, c'est parce qu'ils » ne sont rien.

» La tyrannie est toujours lente & foible » dans ses commencemens, comme elle » est prompte & vive dans sa fin. Elle ne » montre d'abord qu'une main pour secou- » rir, & opprime ensuite avec une infinité » de bras.

» C'est

» C'eſt un des avantages des charmes de » la jeuneſſe dans les femmes, que dans un » âge avancé, un mari ſe porte à la bien- » veuillance, par le ſouvenir de ſes plaiſirs.

» L'empire de la mer a toujours don- » né aux peuples qui l'ont poſſedé, une » fierté naturelle; parce que ſe ſentant ca- » pables d'inſulter par-tout, ils croyent que » leur pouvoir n'a pas plus de bornes que » l'océan.

» La ſociété nous apprend à ſentir les » ridicules, la retraite nous rend plus pro- » pres à ſentir les vices.

» La politeſſe flatte les vices des autres; » & la civilité nous empêche de mettre » les notres au jour : c'eſt une barriére » que les hommes mettent entr'eux, pour » s'empêcher de ſe corrompre.

» Toute nation pareſſeuſe eſt grave; » car ceux qui ne travaillent pas ſe re- » gardent comme ſouverains de ceux qui » travaillent.

» La pareſſe eſt l'effet de l'orgueil; le » travail eſt une ſuite de la vanité; l'or- » gueil d'un Eſpagnol le portera à ne pas ,, travailler; la vanité d'un François le ,, portera à ſçavoir travailler mieux que ,, les autres.

,, Les révolutions que forment la liber-

„té, ne sont qu'une confirmation de la „liberté. Une nation libre peut avoir un „libérateur; une nation subjuguée ne peut „avoir qu'un autre oppresseur. Car tout „homme qui a assez de force pour chas-„ser celui qui est déja le maître absolu „dans un Etat, en a assez pour le deve-„nir lui-même.

„Il ne faudroit pas que la Religion en-„courageat les dépenses des funerailles; „qu'y a-t-il de plus naturel, que d'ôter „la difference des fortunes dans une cho-„se & dans les momens qui égalisent tou-„tes les fortunes.

„Les Serrails sont des lieux où l'artifi-„ce, la méchanceté, la ruse régnent dans „le silence, & se couvrent d'une épaisse „nuit; où un vieux Prince devenu tous „les jours plus imbécille, est le premier „prisonnier du Palais.

» Les hommes extrêmement heureux & » extrêmement malheureux sont également » portés à la dureté; témoins les Moines » & les Conquérans. Il n'y a que le mê-» lange de la bonne & de la mauvaise » fortune, qui donne de la douceur & de » la pitié.

» Il est singulier que parmi nous, trois » crimes, la magie, l'hérésie & le crime » con-

» contre nature, dont on pourroit prou-
» ver du premier, qu'il n'existe pas, du se-
» cond qu'il est susceptible d'une infinité
» de distinctions, interprétations, limita-
» tions; du troisiéme, qu'il est très-sou-
» vent obscur, ayent été tous trois punis
» de la peine du feu.

» Quand les Sauvages de la Louisian-
» ne veulent avoir du fruit, ils coupent
» l'arbre au pied, & cueillent le fruit. Voi-
» là le Gouvernement despotique.

Ces dernieres paroles valent un livre; c'est peut-être ce qui a engagé l'Auteur à faire de ces quatre petites lignes un Chapitre particulier; il y a des gens qui y ont trouvé à redire, & qui ont traité cela de coquetterie; ils ont tort; une si belle image devoit être encadrée séparément.

J'avois promis de donner de l'or, & j'ai, je crois, assez bien tenu ma promesse. Je serois le maître, sans doute, d'en donner davantage si je voulois, car je suis à la source, & ce livre est un Pérou. Mais je dois mieux ménager mes intérêts; j'ai encore bien des choses à dire; & comment faire recevoir au lecteur le fer que je lui donne, si je l'accoutume trop à l'or d'autrui? de tems en tems feuſeulement pour le déſennuyer je ferai parler l'Auteur, je ſens que c'eſt le moyen d'être mieux venu. Continuons, & de la nature des trois Gouvernemens, paſſons à leurs principes.

La vertu, l'honneur & la crainte, voilà les trois grands reſſorts qui font mouvoir les Etats, voilà ce qui leur donne l'ame, le mouvement & la vie. La vertu anime les Républiques, l'honneur fait agir les Monarchies, & la crainte eſt le principe des Etats deſpotiques.

Que l'Auteur ait raiſon ou non, dans la diſtribution qu'il fait de ces trois principes, c'eſt ce qu'il n'eſt plus queſtion d'examiner préſentement. J'ai dit ailleurs tout ce que j'avois à dire là deſſus, je ne ferai donc que rapporter ici quelques conſéquences que l'on en tire par rapport à la politique. Elles regardent principalement l'éducation, la diſtribution des emplois, les récompenſes & les peines. Tout cela doit être relatif aux principes de chaque Gouvernement.

Dans le Républicain l'éducation ne doit s'appliquer qu'à rendre les Citoyens vertueux, qu'à leur élever le cœur dans les Monarchies, qu'à leur abaiſſer l'ame dans les Etats deſpotiques. C'eſt le moyen d'entretretenir dans ces trois Gouvernemens, la vertu, l'honneur & la crainte.

Dans le premier, les emplois & les Magiſtratures ſont des témoignages de vertu; on ne peut donc pas les refuſer. Dans le ſecond ce ſont des marques d'honneur; on peut donc ne pas les accepter. Dans le troiſiéme, où l'on abuſe également de l'honneur & de la vertu, on *fait indifferemment d'un Prince un goujat, & d'un goujat un Prince.*

Dans une République où regne la vertu, l'Etat ne doit récompenſer que par des témoignages de cette vertu. La récompenſe d'une belle action eſt le plaiſir de l'avoir faite.

Dans une Monarchie, où régne l'honneur ſeul, un ſujet ne doit attendre de ſes ſervices que des diſtinctions; mais comme les diſtinctions ſont jointes à un luxe qui donne néceſſairement des beſoins, il faut que le Prince y récompenſe par des honneurs qui conduiſent à la fortune.

Dans les Etats deſpotiques, le Prince qui récompenſe n'a que de l'argent à donner; c'eſt qu'on n'y connoit ni l'honneur ni la vertu.

La plus grande peine d'une mauvaiſe action dans un Gouvernement Républicain, est d'en être convaincu. Dans le Monarchique, la honte & la crainte du blâme sont aussi des motifs réprimans. Il faut dans le despotique des peines corporelles. Un homme vertueux est toujours assez puni par des remords; un homme d'honneur, par des humiliations; au lieu qu'il faut des supplices rigoureux pour une ame servile.

Je marche à grands pas; c'est qu'il me reste encore bien du chemin à faire. Que seroit-ce si je suivois l'Auteur dans tous ses détours? Chaque sentier qui se présente, il s'y engage; peu inquiet, s'il l'éloigne de son but. Il est vrai qu'il rend sa route agréable; par tout où il passe, il répand des fleurs. Si quelquefois, pour dérober sa marche, il se couvre d'un nuage épais, bientôt un trait éclatant de lumiére s'échappe au travers de l'obscurité, & le découvre. Le nuage reste cependant; aussi voit-on dans sa course beaucoup d'éclairs, & peu de jour. A l'aide de cette lueur passagére, j'ai parlé de la nature & des principes des trois Gouvernemens; voyons, avec le même secours, comment ils se corrompent.

Ce qui perd une République, c'est quand elle n'a plus rien à redouter au dehors.

hors. Carthage & Rome s'intimidérent l'une & l'autre, & s'affermirent. Comme des eaux trop tranquilles, une République qui a trop de fureté, est sujette à se corrompre.

La démocratie se corrompt ou par l'esprit d'inégalité qui la méne infailliblement à l'aristocratie ; ou par l'esprit d'une égalité extrême, qui finit toujours par le despotisme. Ce n'est que la vertu qui soutient le Gouvernement populaire ; & la vertu est aussi éloignée de la liberté extrême, que de l'extrême servitude.

L'aristocratie se corrompt, lorsque le pouvoir des Nobles devient arbitraire, & leur puissance héréditaire. La République alors n'est plus que dans la partie qui gouverne ; l'Etat despotique est dans celle qui est gouvernée ; les Nobles jouissent de la liberté, le peuple gémit dans la servitude ; ceux-là sont des tyrans, celui-ci est un esclave.

La Monarchie se corrompt lorsque le Prince ôte aux villes leurs priviléges, aux Corps leurs prérogatives, aux Grands le respect des peuples : lors qu'il change l'ordre des récompenses & des honneurs, qu'il méconnoit l'amour de ses Sujets, qu'il montre plus de sévérité que de justice ; lors-

lorsque rapportant tout à lui-même, il appelle l'Etat à sa Capitale, la Capitale à la Cour, la Cour à sa personne.

Quant au Gouvernement despotique, voici ce que dit l'Auteur : » Son principe se corrompt sans cesse, parce qu'il » est corrompu par sa nature. Ce Gou» vernement périt par son vice intérieur, » lorsque quelques causes accidentelles n'em» pêchent pas son principe de se corrom» pre ; ces choses forcent sa nature sans la » changer ; sa ferocité reste, elle est pour » quelque tems apprivoisée.

C'est comme si l'Auteur disoit : le Gouvernement despotique ne peut se soutenir par lui-même : sa conservation dépend de plusieurs causes étrangeres, sans lesquelles il périroit à chaque instant. Il est toujours dans un Etat violent & forcé ; & sa nature est de tendre sans cesse à sa destruction. Voilà sans doute le vrai sens de ces paroles : cela posé, voici comme je raisonne.

Ce qui s'oppose à la conservation du Gouvernement despotique, doit, par la même raison, s'opposer aussi à son établissement ; & les mêmes causes qui servent à le maintenir, doivent contribuer également à le former. Or s'il est vrai que

que ce Gouvernement ait tant de peine à se conserver, il faut donc qu'il en ait aussi beaucoup à s'établir. Cette conséquence est évidente; c'est seulement dommage qu'elle s'accorde si peu avec ce qui suit.

» Le Gouvernement despotique saute, » pour ainsi dire, aux yeux; il est uni- » forme partout; comme il ne faut que » des passions pour l'établir, tout le mon- » de est bon pour cela. « Mais si tout le monde est bon pour former un Etat despotique, tout le monde est donc bon aussi pour le maintenir; s'il ne faut que des passions pour l'établir, il ne faut donc que des passions non plus pour le conserver. Un Gouvernement qu'on dit être si simple, si naturel, si uniforme, n'est donc pas un Gouvernement qui ait besoin du concours de tant de causes accidentelles & étrangéres pour l'empêcher de périr; ce n'est pas un Gouvernement qui soit toujours dans un Etat violent & forcé, qui panche à chaque instant vers sa ruine. Ce sont-là des contradictions qui prouvent bien que le Livre de *l'Esprit des Loix* n'est pas un Ouvrage de mémoire : car on ne s'y souvient pas dans la page suivante de ce qui a été dit dans celle qui a précédé. L'Auteur a jetté sur le papier tou-

toutes les idées qui se sont présentées à son esprit, sans s'embarrasser du peu de liaison qu'elles avoient entr'elles; sans s'inquiéter si les premiéres démentoient les secondes, & si elles se détruisoient mutuellement. Il a parcouru à grands pas des pays immenses, sans bornes, sans chemins, & sans guides; & sa course plus brillante, plus glorieuse, plus variée que celle d'Ulisse, est aussi plus remplie d'erreurs. Mais au milieu de ces erreurs-là même on découvre des vérités si sublimes; au travers de ces routes égarées on apperçoit des clartés si lumineuses; parmi tant de défauts enfin on remarque des beautés si frappantes, qu'on est toujours étonné de trouver tant d'esprit & si peu de raisonnement, tant de génie & si peu de logique. Mais poursuivons, & voyons actuellement ce qu'exige encore la politique pour la conservation des trois Gouvernemens.

Les Républiques se conservent en s'associant avec d'autres Républiques. Par cette confédération elles jouissent au dedans de toutes les prérogatives d'un petit Etat, & au déhors de tous les avantages des grands Empires.

Une Monarchie se conserve en construiſtruiſant des Places fortes pour défendre ſes frontiéres, en entretenant des armées pour défendre ſes Places fortes.

Le deſpotiſme ſe conſerve, non pas en fortifiant, mais en ravageant ſes frontiéres; non pas en s'aſſociant avec d'autres Etats, mais en ſe ſéparant de tous. Quand les frontiéres d'un grand Etat ſont déſertes, le corps de l'Empire devient inacceſſible; en ſacrifiant les extrêmités, le cœur ſe conſerve plus aiſément.

L'Auteur aſſigne une autre ſorte de ſéparation ſans dévaſter ſes frontiéres, c'eſt de confier à des Princes feudataires les Provinces de l'Empire les plus éloignées. Mais il me paroît que c'eſt-là autant une confédération qu'une ſéparation; c'eſt s'aſſocier avec des voiſins, plûtôt que s'éloigner de ſes ennemis : en un mot, ce n'eſt pas plus ſe ſéparer que s'unir. Or toute union politique eſt oppoſée au Gouvernement arbitraire. Un Prince qui ne ſçait que vouloir, ne peut avoir ni alliés, ni amis; tous les hommes qui ont affaire à lui ſont, ou ſes ennemis, ou ſes eſclaves.

Nous avons parlé des trois Gouvernemens, de leur conſervation, de leur corruption, de leur nature & de leurs principes:

cipes : disons aussi un mot de leur liberté & de leurs conquêtes.

Il y a dans chaque Gouvernement une liberté qui lui est propre, & que la politique doit maintenir. L'Auteur distingue deux sortes de liberté ; celle du Citoyen & celle de l'Etat.

La liberté du Citoyen est cette tranquillité d'esprit qui provient de l'opinion que chacun a de sa sûreté. Dans les Républiques, où il est permis à tout homme d'accuser qui il veut, on entretient cette liberté en établissant des Loix propres à défendre l'innocence des Citoyens. L'Auteur ne veut pas qu'on y punisse trop le crime de lèze-Majesté ; on établiroit la tyrannie des vengeurs, sous prétexte de tirer vengeance des tyrans. Il condamne les proscriptions ; l'exil des Citoyens affoibliroit la République. Il désapprouve les Loix trop sévéres contre les débiteurs ; » un » Citoyen s'est déja donné une assez gran- » de supériorité sur un Citoyen, en lui » prêtant un argent que celui-ci n'a em- » prunté que pour s'en défaire, & que par » conséquent il n'a plus, sans que les » Loix augmentent encore cette servitude.

Dans les Monarchies on perd une partie de la liberté, quand le Prince nomme des

des Commissaires pour juger les particuliers; quand il employe des espions pour examiner la conduite de ses Sujets; quand il permet aux Citoyens de s'accuser mutuellement dans des écrits anonimes, & qu'il a égard à ces accusations.

Pour mettre un peu de liberté dans les Etats despotiques, il est bon d'y établir des Loix de Religion qui tempérent l'autorité du Prince; il est bon qu'il y ait des Livres sacrés qui servent de régle à la puissance arbitraire; que le Code Religieux supplée au Civil; & que les Juges, dans certains cas, consultent les Ministres des Autels. Voilà ce qui concerne la liberté des Citoyens.

Celle de l'Etat consiste dans une juste distribution du pouvoir. L'Etat est libre, lorsque ce n'est pas la même personne ou le même Corps qui fait les Loix, les exécute & juge les particuliers. Les Républiques ne sont libres, qu'autant que ces trois pouvoirs sont divisés. S'ils sont réunis dans une Monarchie, cette Monarchie sera un pur despotisme; & le despotisme n'est tel, que parce que c'est le Prince qui juge, qui exécute & qui fait la Loi.

Comme il y a deux sortes de liberté, l'Aul'Auteur distingue aussi deux sortes de servitude; la politique & la civile. L'une est celle de l'Etat, & l'autre celle du Citoyen. La premiére trouvera plus naturellement sa place à la fin de cet article : considérons ici quel rapport la seconde peut avoir avec les différens Gouvernemens.

Les esclaves sont contre l'esprit de la constitution des Républiques; ils ne servent qu'à donner aux Citoyens une puissance & un luxe qu'ils ne doivent point avoir.

Ils ne sont pas moins contraires au Gouvernement Monarchique, » où il est » souverainement important de ne point » avilir la nature humaine. Un esclave » sent que son maître a une ame qui peut » s'agrandir, & que la sienne est contrain» te de s'abbaisser sans cesse. Rien ne met » plus près de la condition des bêtes, que » de voir toujours des hommes libres & » de ne l'être pas; de telles gens sont des » ennemis naturels de la société, leur nom» bre seroit dangereux.

Il le seroit moins dans le Gouvernement despotique, où la condition de l'esclave n'est guère plus à charge que celle du sujet. La servitude de l'Etat y anéantit,

tit, en quelque façon, la liberté des Citoyens; & ceux qu'on appelle hommes libres, ne le ſont guéres plus que ceux qui qui n'y ont pas ce titre.

Si la liberté fait au-dedans le bonheur des Etats, les conquêtes en font au-dehors toute la gloire. Cependant une République qui conquiert, agit contre ſes propres intérêts. Car, ou elle partage ſa ſouveraineté avec les peuples conquis, ou elle les gouverne en ſujets : dans le premier cas, elle ſera en danger de ſe perdre par ſon trop d'étendue : dans le ſecond, elle expoſera ſa propre liberté, parce qu'elle confiera une trop grande puiſſance aux Magiſtrats qu'elle enverra dans l'Etat conquis. On obviera à ce double inconvénient, ou en bornant la conquête au nombre des Citoyens qu'on veut faire entrer dans la République, ou en donnant au peuple conquis un bon Droit politique & de bonnes Loix civiles.

Une Monarchie ne doit pas étendre ſes conquêtes au-delà des bornes naturelles à ſon Gouvernement. Elle doit traiter le peuple conquis avec douceur, lui laiſſer ſes Loix, ſes Coutumes, ſes Privilèges; il ne faut rien changer que l'Armée & le nom du Souverain.

Quand une Monarchie en conquiert une autre, si celle-ci est petite, on la contiendra par des forteresses; si elle est grande, on la conservera par des colonies. Mais la politique veut que les Corps civils & militaires soient composés également de vaincus & de vainqueurs, pour ne point désespérer les uns, & pour ne point enorgueillir les autres.

Quand un Etat despotique conquiert un autre Etat, s'il veut le conserver, il faut que le despote ait toujours autour de lui un corps de troupes particuliérement affidé, toujours prêt à fondre sur la partie de sa conquête qui pourroit s'ébranler.

L'Auteur de *l'Esprit des Loix* trouve qu'il vaudroit mieux que le Conquérant rendit le Trône au Prince légitime *pour s'en faire un Allié nécessaire*, qui, avec les forces qui lui sont propres, augmenteroit les siennes. Il avoit dit auparavant que les Etats despotiques pourvoyent à leur sûreté *en se séparant & en se tenant, pour ainsi dire, seuls*. Mais comment peut-on se tenir seul & se faire en même tems des Alliés? Comment peut-on s'unir & se séparer tout à la fois? Si ce n'est pas là se contredire, c'est du moins s'expliquer fort mal.

L'im-

L'imposition des tributs & la levée des impôts dans les trois Gouvernemens, sont aussi l'objet de la politique de l'Auteur. Il dit là-dessus, comme sur tout le reste, des choses admirables. Il y a en particulier un morceau digne de Juvenal contre les Fermiers & les Traitans. Je n'entreprendrai pas de réfuter son sentiment sur cette matiére; un homme du métier l'a fait, dit-on, avec beaucoup de force; mais l'ouvrage est fort rare, & quoique fait pour le Public, il n'a été vû jusqu'à présent que par un très petit nombre d'amis particuliers, à qui, par un privilége spécial, on a bien voulu en procurer la lecture. Tout le monde sçait que l'Auteur est un homme d'un très grand mérite; il a écrit pour la défense de sa cause, & de celle d'une Compagnie riche, nombreuse & puissante. Un combat entre lui & l'Auteur de *l'Esprit des Loix*, seroit pour le moins aussi intéressant que celui d'Argant & de Tancréde.

Mais il est tems de délasser le lecteur; il aime les belles choses, & il m'est fort aisé de lui en donner; je n'ai qu'à prendre dans ce Livre les premiéres qui se présentent.

» L'air de la Cour consiste à quitter sa

» grandeur propre pour une grandeur em-
» pruntée. Celle-ci flatte plus un Courti-
» ſan que la ſienne même. Elle donne une
» certaine modeſtie ſuperbe qui ſe répand
» au loin, mais dont l'orgueil diminue in-
» ſenſiblement, à proportion de la diſtance
» où l'on eſt de la ſource de cette grandeur.

» L'ambition dans l'oiſiveté, la baſſeſſe
» dans l'orgueil, le déſir de s'enrichir ſans
» travail, l'averſion pour la vérité, la flat-
» terie, la trahiſon, la perfidie, l'abandon
» de tous ſes engagemens, le mépris des
» devoirs du Citoyen, la crainte de la ver-
» tu du Prince, l'eſpérance de ſes foibleſ-
» ſes, & plus que tout cela, le ridicule per-
» pétuel jetté ſur la vertu, ſont, je crois,
» le caractére de la plûpart des Courtiſans,
» marqués dans tous les lieux & dans tous
» les tems.

» Parmi nous il eſt impoſſible que nous
» ayons jamais de régle dans nos finan-
» ces, parce que nous ſçavons toujours
» que nous ferons quelque choſe, & ja-
» mais ce que nous ferons.

» En Europe les Edits des Princes affli-
» gent même avant qu'on les ait vûs, par-
» ce qu'ils y parlent toujouts de leurs be-
» ſoins, & jamais des nôtres.

» Comme les Monarques doivent avoir
» de

» de la sagesse pour augmenter leur puissance, ils ne doivent pas avoir moins » de prudence afin de la borner. En faisant cesser les inconvéniens de la petitesse, il faut qu'ils ayent toujours l'œil » sur les inconvéniens de la grandeur.

» Les fleuves courent se mêler dans la » mer ; les Monarchies vont se perdre dans » le despotisme.

» Charles XII étant à Bender, trouvant » quelque résistance dans le Sénat de Suède, écrivit qu'il leur enverroit une de » ses bottes pour les commander. Cette » botte auroit gouverné comme un Roi » despotique.

» Tel est l'état nécessaire d'une Monarchie conquérante ; un luxe affreux dans » la Capitale, la misére dans les Provinces qui s'en éloignent, l'abondance aux » extrémités. Il en est comme de notre » Planette ; le feu est au centre, la verdure à la surface, une terre aride, froide & stérile entre les deux.

» Syracuse essuya des malheurs que la » corruption ordinaire ne donne pas. Cette Ville toujours dans la licence ou dans » l'oppression, également travaillée par sa » liberté & par sa servitude, recevant toujours l'une & l'autre comme une tem-

» pête, avoit dans ſon ſein un peuple im-
» menſe, qui n'eut jamais que cette cruel-
» le alternative, de ſe donner un tyran,
» ou de l'être lui-même.

» Il y a un lot pour chaque Profeſſion.
» Le lot de ceux qui levent les tributs eſt
» les richeſſes; & les récompenſes de ces
» richeſſes, ſont les richeſſes même. La
» gloire & l'honneur ſont pour cette No-
» bleſſe qui ne connoît, qui ne voit, qui
» ne ſent de vrai bien que l'honneur &
» la gloire. Le reſpect & la conſidéra-
» tion ſont pour ces Miniſtres & ces Ma-
» giſtrats, qui ne trouvant que le travail
» après le travail, veillent nuit & jour
» pour le bonheur de l'Empire.

» On vit bien dans les tems paſſés des
» fortunes ſcandaleuſes; c'étoit une des ca-
» lamités des guerres de cinquante-ans :
» mais pour lors ces richeſſes furent re-
» gardées comme ridicules, & nous les
» admirons.

» Un Etat bien gouverné doit mettre
» pour le premier article de ſa dépenſe,
» une ſomme réglée pour les cas fortuits.
» Il en eſt du Public comme des particu-
» liers, qui ſe ruinent, lorſqu'ils dépen-
» ſent exactement les revenus de leurs
» terres.

» Un

» Un Prince à qui on demandoit pour-
» quoi il ne bâtissoit point d'Hôpitaux dans
» ses Etats, dit : Je rendrai mon Empire
» si riche, qu'il n'aura pas besoin d'Hôpi-
» taux. Il auroit fallu dire : je commen-
» cerai par rendre mon Empire riche, &
» je bâtirai des Hôpitaux.

» A Rome, les Hôpitaux font que tout
» le monde est à son aise, excepté ceux
» qui travaillent, excepté ceux qui ont de
» l'industrie, excepté ceux qui cultivent
» les Arts, excepté ceux qui ont des terres,
» excepté ceux qui font le commerce.

Finissons cet article, & voyons quel rapport a le climat avec les différens Gouvernemens. Comme il y a des Gouvernemens de trois sortes, le Républicain, le Monarchique, l'arbitraire, on distingue pareillement trois sortes de climats, le froid, le chaud & le temperé. Pour trois sortes de raisons aussi, dont les unes sont bonnes, les autres mauvaises, les autres douteuses, l'Auteur prétend que la forme du Gouvernement dépend toujours de la nature du climat : que les pays froids, par exemple, conviennent mieux au Gouvernement modéré, & que la chaleur des pays d'Orient s'accorde davantage avec le Gouvernement arbitraire. Voyons quelles sont ses raisons. Je commence par les mauvaises.

L'air froid resserre les extrémités des fibres, augmente leur ressort, donne au corps plus de force, & à l'ame plus de courage. Le courage conduit à l'indépendance, l'indépendance au Gouvernement le plus libre, le Gouvernement le plus libre, c'est le Gouvernement moderé; donc le Gouvernement moderé s'accorde mieux avec les pays froids.

Aussi l'Auteur appelle-t-il le Nord de l'Europe, » la fabrique des instrumens qui » brisent les fers forgés au midy. C'est-là, » dit-il, que se forment ces Nations vail» lantes qui sortent de leur pays pour dé» truire les tyrans & les esclaves, & ap» prendre aux hommes que la nature les » ayant fait égaux, la raison n'a pu les » rendre dépendans que pour leur bon» heur. « Je ne puis m'empêcher de me récrier ici avec une admiration mêlée d'extase, ah! que ces paroles sont belles, qu'elles sont admirables! elles sont divines. Quel dommage de les faire servir de conséquence à un faux principe! mais achevons le raisonnement de l'Auteur.

L'air chaud relâche les extrémités des fibres, affoiblit leur ressort, diminue les forces,

forces, & cause au cœur une défaillance. Cette défaillance produit la timidité, la timidité méne à la dépendance, la dépendance à la servitude, la servitude au Gouvernement arbitraire; donc le Gouvernement arbitraire s'accommode davantage des pays chauds.

» Il ne faut donc pas être étonné, conclut l'Auteur, que le courage des peuples des climats froids les ait maintenus libres, & que la lâcheté des peuples des climats chauds, les ait presque toujours rendus esclaves. C'est un effet qui dérive de sa cause naturelle.

Je crois avoir suffisamment démontré ailleurs, que le chaud ou le froid ne sont point la cause naturelle de la lâcheté ou du courage; ce n'est donc ni le froid ni le chaud qui produit la liberté ou la servitude; ce n'est donc ni l'un ni l'autre non plus, qui introduit dans un Etat le Gouvernement moderé ou le despotique. Eh, quoi, le climat de Moscovie est-il donc aussi chaud que celui de Sparte & d'Athénes? Cependant le Czar est un despote dans ses Etats, & ces deux derniéres villes étoient des Républiques. La Botte de Charles XII auroit gouverné à Stockolm comme un Prince despotique; & Denys

avec

avec tout son esprit, son industrie, ses forces, ses richesses, sa politique, n'a jamais pû se maintenir sur le Thrône de Syracuse. Il fait pourtant bien froid en Suéde, & bien chaud en Sicile; preuve évidente, que ce n'est ni le froid ni le chaud qui décide de la forme du Gouvernement; ou, si le climat y fait quelque chose, ce n'est pas du moins pour la raison que l'Auteur en apporte. En voici une autre, & il me paroît que c'est la bonne.

Selon qu'un pays est plus ou moins étendu, plus ou moins fertile, il est aussi plus ou moins propre au Gouvernement despotique, il convient plus ou moins au Gouvernement modéré. En Asie, par exemple, il y a de plus grandes plaines qu'en Europe, elle est coupée en plus grands morceaux par les montagnes & par les mers. Comme elle est plus au midi, les sources y sont aussi plus aisément taries, les montagnes moins couvertes de neige, & les fleuves moins grossis y forment de moindres barriéres. Il doit donc y avoir par conséquent de plus grands Empires qu'en Europe; & les grands Empires supposent une autorité despotique dans ceux qui les gouvernent. » Car il » faut que la promptitude des résolutions » sup-

» ſupplée à la diſtance des lieux où elles
» ſont envoyées ; que la crainte empêche
» la négligence du Gouverneur ou du Ma-
» giſtrat éloigné ; que la loi ſoit dans une
» ſeule tête, & qu'elle change ſans ceſſe,
» comme les accidens, qui ſe multiplient
» toujours dans l'Etat, à proportion de ſa
» grandeur.

L'Afrique eſt dans un climat pareil à celui du Midi de l'Aſie, elle doit donc être auſſi dans une même ſervitude ; ſans cela il ſe feroit d'abord un partage que la nature du pays ne peut ſouffrir.

En Amérique les petits peuples barbares qui demeurent dans les montagnes, ceux qui habitent dans les Iſles & ſur le rivage de la mer, ont toujours été plus difficiles à ſoumettre, plus ennemis de la ſervitude, que les grands Empires du Méxique & du Pérou.

En Europe les fleuves, les montagnes & la mer forment pluſieurs Etats d'une médiocre étendue, & par là, très-propres à former eux-mêmes des Monarchies ou des Républiques. Le Gouvernement des Loix n'y eſt pas incompatible avec le maintien de l'Etat ; & c'eſt-là ce qui a toujours conſervé ce génie d'indépendance qui rend cette plus petite partie du monde de plus difficile à être ſubjuguée, & plus jalouſe de ſa liberté que les trois autres.

La bonté ou la ſtérilité des terres d'un pays ſont encore une autre cauſe naturelle de la liberté ou de la ſervitude politique. Une campagne qui regorge de biens, craint le pillage, elle craint une armée ; ceux qui la cultivent cherchent moins à donner une autre forme au Gouvernement, qu'à jouir en paix de leur bien; ils ſont plus occupés de leur tranquillité particuliére, que de la liberté publique; ils ſongent davantage à leurs propres affaires, qu'à celles de l'Etat.

D'ailleurs les pays les plus fertiles ſont ordinairement des plaines, où l'on ne peut rien diſputer au plus fort : on ſe ſoumet donc à lui, & quand une fois on lui eſt ſoumis, on perd ſa liberté pour toujours. On ne pourroit la conſerver que par la perte de ſes biens; & l'on préfere preſque toujours les biens à la liberté, ſurtout à la liberté politique. Les richeſſes de la campagne ſont donc, pour le deſpote, un gage de la fidélité de ſes Sujets, & pour les peuples, la cauſe de leur ſervitude.

Au contraire, lorſque les terres ſont ſtériles, la liberté eſt le ſeul bien dont on jouit ;

jouït; on est aussi plus soigneux de la conserver. Elle régne donc plus dans les pays difficiles, que dans ceux que la nature semble plus avoir favorisés. Dans les montagnes, par exemple, on conserve un Gouvernement plus modéré, parce qu'elles ne sont pas si fort exposées à la conquête. Les peuples s'y défendent plus aisément, on les attaque plus difficilement; les armées n'y trouvent pas de quoi subsister. Il est donc moins aisé de leur faire la guerre, plus dangereux de l'entreprendre, peu utile & presque impossible de les vaincre. C'est pour cela, conclut l'Auteur, que le Gouvernement d'un seul se trouve plus souvent dans les pays fertiles, & le Gouvernement de plusieurs dans les pays qui ne le sont pas. C'est pour cela que la stérilité du terrein de l'Attique y établit le Gouvernement populaire, & la fertilité de celui de Lacédémone, le Gouvernement Aristocratique, qui approche le plus du Gouvernement d'un seul. C'est ponr cela qu'Athénes étant retombée dans ses anciennes dissensions, & s'étant divisée en autant de partis, qu'il y avoit de sortes de territoires dans le pays de l'Attique, les gens de la montagne vouloient à toute force le Gou-

Gouvernement populaire ; ceux de la plaine demandoient le Gouvernement des principaux ; ceux qui étoient près de la mer étoient pour un Gouvernement mêlé des deux.

Ce que la nature refuse aux hommes dans les climats stériles, ils tâchent de se le procurer par le travail. Ce travail les rend sobres, industrieux, forts, vigoureux, pleins de courage. Des gens de ce caractére détestent jusqu'à l'ombre de la servitude. Accoutumés à vaincre la nature elle-même, ils n'imaginent pas que personne ose entreprendre de les subjuguer. Tout autre pouvoir que celui des loix leur est odieux; ils sont donc bien éloignés de se soumettre à la puissance arbitraire, & de former un Gouvernement despotique.

Il y a des climats si riches par eux-mêmes, si abondans, si fertiles, que sans beaucoup de travail, on s'y procure aisément toutes les choses nécessaires. Dans ces pays les hommes contractent une certaine paresse naturelle qui les rend lâches, efféminés, sans force, sans vertu, sans courage. Avec ces défauts on est bien près de la servitude, & la servitude n'est pas éloignée du Gouvernement despotique.

Il

Il y a d'autres climats où les terres reſtent incultes, ſoit qu'elles ſoient ſtériles de leur nature, ſoit que les peuples qui les habitent ne veuillent point ſe donner la peine de les cultiver. Il eſt clair que ces peuples doivent jouir d'une grande indépendance : car comme ils ne cultivent pas les terres, ils n'y ſont point attachés; ils ſont errans, vagabonds, & ſi un chef vouloit entreprendre de leur ôter leur liberté, ils le quitteroient, & ſe retireroient dans les bois pour y vivre tranquilles avec leur famille. On ne peut donc point établir l'autorité arbitraire dans des pays où les hommes ne vivent que de leur chaſſe, ou du produit de leurs troupeaux, dans des pays où les terres ſont incultes.

D'ailleurs ces peuples ne peuvent jamais former une grande nation. » Car s'ils » ſont paſteurs, ils ont beſoin d'un grand » pays pour qu'ils puiſſent ſubſiſter en cer» tain nombre. S'ils ſont chaſſeurs, ils » ſont encore en un plus petit nombre, » & forment pour vivre une plus petite » nation. Outre cela, leur pays eſt ordi» nairement plein de forêts; & comme » les hommes n'y ont point donné de cours » aux eaux, il eſt rempli de marécages, » où

» où chaque troupe se cantonne, & for-
» me une petite nation. « Or une petite nation, comme on l'a déja dit, n'est point propre à faire un Etat despotique. Le Gouvernement monarchique ne sçauroit non plus s'y établir, puisque tous les hommes y sont égaux. Le Républicain voudroit y faire des Loix, & l'on ne veut reconnoître parmi ces peuples, que celles de la nature. Chez eux la liberté de l'homme est si grande, qu'il est presqu'impossible d'en faire des Citoyens; aussi n'y voit-on que des sauvages qui y vivent dans un excès d'indépendance, comme dans les pays despotiques on n'apperçoit que des esclaves qui y souffrent l'excès de la servitude.

Mais ce qu'il y a de singulier, dans les principes de l'Auteur, c'est que la même cause qui soumet les peuples en général à la puissance arbitraire, les soustrait en même tems à ce pouvoir; ce qui multiplie les esclaves, augmente aussi le nombre des hommes libres; ce qui introduit dans certains pays les Etats despotiques, forme dans d'autres, les Nations indépendantes; je veux dire la fertilité des terres. » En Amérique, dit l'Auteur,
» la terre produit d'elle-même beaucoup
» de

» de fruits dont on peut se nourrir; la » chasse & la pêche achevent de mettre » les hommes dans l'abondance. De plus, » les animaux qui paîssent reüssissent mieux » que les bêtes carnaciéres. « Il devoit donc conclure, que l'Amérique est un pays propre au despotisme; puisqu'on y jouït d'une si grande fertilité. Point du tout, il raisonne à présent d'une autre maniére : ce pays est extrémement fertile, » c'est ce qui fait, dit-il, qu'il y a tant » de Nations sauvages. « C'est-à-dire, de Nations libres. La fertilité des terres est ici comme ces nuages où l'on voit tout ce qu'on veut.

Il y a encore une autre raison qui fait dépendre la forme du Gouvernement de la nature du climat. Elle ne m'a pas persuadé, mais je sens qu'elle peut faire impression sur d'autres. La voici.

Dans les pays chauds il est nécessaire de retenir les femmes dans une espéce d'esclavage domestique; c'est ce que l'Auteur a tâché de prouver ailleurs. Cet esclavage ne sçauroit convenir au Gouvernement Républicain, où la condition des Citoyens est bornée, égale, douce, moderée, & où tout doit se ressentir de la liberté publique; le Gouvernement Républicain ne peut donc pas s'accorder avec les pays chauds. Au contraire, la servitude des femmes est très-conforme au Gouvernement despotique; c'est donc dans les pays où les femmes sont esclaves, c'est-à-dire, dans les pays chauds, qu'on doit mieux s'accommoder de ce Gouvernement.

Voilà tout ce que j'ai pû ramasser de côté & d'autre dans cet Ouvrage au sujet de la politique. Ce Livre est comme un amas de plusieurs riches métaux fondus ensemble, & qui en forment une masse précieuse, mais informe. Semblable à un Chimiste, j'ai séparé toutes ces matiéres, & j'ai tâché de les mettre chacune dans la place qui leur convient.

ARTI-

ARTICLE IV.

La Jurisprudence et le Commerce,

Conſidérés par rapport au Gouvernement *& au* Climat.

JE renferme dans le même Article deux ſujets différens, la Juriſprudence & le Commerce, & je ne veux pas m'étendre beaucoup ſur chacun en particulier.

La Juriſprudence varie, ſelon les Gouvernemens & les Climats ; j'expoſerai ici en abregé le ſentiment de l'Auteur ſur cette matiére. Il ſouffrira peu de contradictions ; on ſent que cette partie de ſon Livre eſt celle qu'il entend le mieux. Ce n'eſt pas celle où il y a le plus d'ordre ; mais c'eſt mon affaire d'y en mettre ; c'eſt la charge que je me ſuis impoſée dès le commencement de cet Extrait; & voici la marche que je veux obſerver.

Je parlerai de la maniére de rendre la Juſtice dans les divers Gouvernemens ; de la quantité des Loix, du nombre & de la qualité des Juges, & de quelques Loix particuliéres.

1°. De la maniére de rendre la Justice. Dans les Etats modérés, dans les Républiques & dans les Monarchies, on fait beaucoup de cas de l'honneur, de la fortune, de la vie & de la liberté des Citoyens; de-là vient qu'on y rend la Justice avec plus de lenteur, qu'on y observe plus de formalités que dans les Etats despotiques. » On entend dire sans cesse qu'il » faudroit que la Justice fut rendue par-tout » comme en Turquie; mais si vous exa- » minez les formalités de la Justice par rap- » port à la peine qu'a un Citoyen à se faire » rendre son bien, ou à obtenir satisfac- » tion de quelque outrage, vous en trou- » verez sans doute trop; si vous les regar- » dez dans le rapport qu'elles ont avec la » liberté & la sûreté des Citoyens, vous en » trouverez souvent trop peu; & vous » verrez que les peines, les dépenses, les » longueurs, les dangers même de la Jus- » tice, sont le prix que chaque Citoyen » donne pour sa liberté. « *Il est vrai*, diroit à cela Crispin rival de son Maître, *que la Justice est une si belle chose, qu'on ne sçauroi trop l'acheter.*

Un Gouvernement qui ne se soutient que

que par la crainte, comme le Gouvernement despotique, seroit exposé à de fréquentes révolutions, si l'on n'avoit un grand soin d'en bannir la haine, les divisions, les animosités, la vengeance, & par conséquent les Plaideurs; aussi la maniére de finir les Procès est fort indifférente en Turquie, pourvû qu'on les finisse bien-tôt. » Le Bacha d'abord éclairci fait » distribuer à sa fantaisie des coups de bâ- » ton sur la plante des pieds des Plaideurs, » & les renvoye chez eux. " Si on en usoit ainsi dans tous les autres Gouvernemens, chacun vivroit tranquille; on ne songeroit point à défendre son bien par la chicane, parce que personne n'employeroit la chicane pour avoir le bien d'autrui.

Dans les Républiques la maniére de rendre la Justice est plus fixe que dans les Monarchies. Dans celles-ci on consulte la Loi, & si la Loi ne décide pas d'une maniére précise, on en cherche l'esprit, & les Juges l'interprétent. Au lieu que dans le Gouvernement Républicain, il faut suivre la Loi à la Lettre; parce que, dit l'Auteur, il n'y a point de Citoyen contre qui on puisse interpréter une Loi, quand il s'agit de ses biens, de son honneur ou de sa vie. Cela supposé il y a bien des affaires qui ne peuvent jamais être terminées dans les Républiques ; car il y a une infinité de cas particuliers sur lesquels il n'y a point de Loi précise, & qui doivent par conséquent demeurer indécis. On sent que dans les Pays despotiques la Loi est toujours décisive ; elle n'est autre chose que la volonté du Juge.

2°. De la quantité des Loix. Il y a dans les Monarchies des rangs, des conditions, des Etats différens, qui demandent aussi chacun des Réglemens, des Loix différentes. Où il y a des distinctions entre les personnes, il faut qu'il y ait aussi des priviléges ; & ces priviléges forment mille exceptions, qui sont autant de Loix particuliéres. Il ne faut donc pas s'étonner de la quantité prodigieuse de Réglemens & d'Ordonnances qui composent dans ces Etats, ce qu'on appelle le dépôt des Loix.

Dans les Républiques il n'y a aucune distinction de rang parmi les Citoyens ; les Loix doivent donc y être moins multipliées que dans les Monarchies. Les peuples des Etats despotiques sont dans un cas bien différent encore ; » je ne sçais » sur quoi, dans ces Pays-là, le Législateur » pourroit statuer, ou le Magistrat juger.

» Il suit de ce que les terres appar- » tien-

„ tiennent au Prince, qu'il n'y a presque „ point de Loix Civiles sur la propriété „ des terres.

„ Il suit du droit que le Souverain a „ de succéder, qu'il n'y en a point non plus „ sur les successions.

„ Le négoce exclusif qu'il fait dans quel- „ que Pays, rend inutiles toutes sortes de „ Loix sur le Commerce.

„ Les Mariages que l'on y contracte „ avec des filles esclaves, font qu'il n'y a „ guére de Loix Civiles sur les dots & sur „ les avantages des femmes.

„ Il résulte encore de cette prodigieu- „ se multitude d'esclaves, qu'il n'y a pres- „ que point de gens qui ayent une vo- „ lonté propre, & qui par conséquent doi- „ vent répondre de leur conduite devant „ un Juge.

„ La plûpart des actions morales qui „ ne sont que les volontés du pére, du „ mari, du maître, se réglent par eux, & „ non par les Magistrats.

„ Toutes les affaires qui regardent l'hon- „ neur, qui est un si grand chapitre parmi „ nous, n'y ont point de lieu. Le despo- „ tisme se suffit à lui-même; tout est vuide „ autour de lui. Aussi lorsque les Voya- „ geurs nous décrivent les Pays où il régne,

„ rarement nous parlent-ils de Loix Ci-
» viles.

3°. Du nombre & de la qualité des Juges. Dans les Etats despotiques le Prince peut juger lui-même ; dans les Monarchies, cette fonction regarde les Magistrats ; dans les Républiques elle appartient au Peuple. C'est cependant un grand inconvénient que le peuple juge lui-même ses offenses ; mais voici l'expédient que l'Auteur propose pour y remédier ; il veut qu'on fasse ce que Solon fit à Athenes : pour prévenir l'abus que le Peuple pourroit faire de sa puissance dans le Jugement des crimes, il veut qu'on établisse un Tribunal, où l'affaire soit portée & revûe par des Magistrats. S'ils croyent l'Accusé injustement absous, ils l'accusent de nouveau devant le Peuple ; s'ils le croyent injustement condamné, ils arrêtent l'exécution, & font juger l'affaire tout de nouveau.

Si dans les Monarchies le Prince jugeoit lui-même les affaires des particuliers, „ la
„ Constitution seroit détruite ; les pouvoirs
„ intermédiaires dépendans, anéantis ; on
„ verroit cesser toutes les formalités des
„ Jugemens ; la crainte s'empareroit de
„ tous les esprits ; on verroit la pâleur sur
„ tous les visages ; plus de confiance, plus
„ d'hon-

„ d'honneur, plus d'amour, plus de sûre-
„ té, plus de Monarchie.

Cette peinture est bien différente de celle que nous font tous nos Historiens, quand ils nous réprésentent S. Louis sur un Trône de gazon, & sous un Dais de feuillage, rendant la Justice à ses Peuples. On venoit avec joye & avec confiance plaider soi-même sa cause à ce champêtre, mais auguste Tribunal. Le Monarque équitable renvoyoit tout le monde satisfait de la justice de ses décisions; chacun publioit à l'envi les louanges de son Juge, & ceux même pour qui il avoit été le moins favorable, n'étoient pas moins empressés que les autres à le combler de leurs éloges. On n'entendoit alors ni plaintes, ni murmures contre l'équité de ses Jugemens; on ne disoit point, comme aujourd'hui :

* Est-il raison si bonne,
Que l'argent ne renverse, aussi-tôt qu'on en donne?
Et sur le meilleur droit peut-on rien emporter,
Qu'autant qu'on trouve l'art de bien solliciter?
Qu'à mes prétentions une femme s'oppose,
Qu'elle s'en mêle; adieu l'équité de ma cause.
D'ailleurs, il faudra croire un Procureur sans foi,
Qui sçaura sur des riens chicanner malgré moi;
Qui

* *Hauteroche.*

Qui de fausses raisons m'accablant les oreilles ;
Sur cent formalités promettra des merveilles,
Et qui, pour me piller trouvera le moyen,
De prolonger vingt-ans une affaire de rien.

Je n'insisterai pas sur la différence qu'il y a entre ces deux maniéres de rendre la Justice ; on sent trop de quel côté seroit l'avantage ; cependant, pour de très bonnes raisons, on en reviendra toujours au sentiment de l'Auteur. Les principales sont : „que dans les Etats Monarchiques, „le Prince est la partie qui poursuit les „Accusés, & les fait punir ou absoudre. „S'il jugeoit lui-même, il seroit le Juge „& la Partie. De plus, il perdroit le plus „bel attribut de sa Souveraineté, qui est „celui de faire grace. Il seroit insensé „qu'il fit & défit ses Jugemens ; il ne vou„droit pas être en contradiction avec lui„même. Outre que cela confondroit tou„tes les idées, on ne sçauroit si un hom„me seroit absous, ou s'il recevroit sa „grace. Les Jugemens rendus par le „Prince, seroient d'ailleurs une source „intarissable d'injustices & d'abus. Les „courtisans extorqueroient par leurs im„portunités, ses Jugemens. Quelques „Empereurs Romains eurent la fureur de

„juger ;

„ juger ; nuls Régnes n'étonnérent plus „ l'Univers par leurs injustices.

L'Auteur regarde encore comme un grand inconvénient dans une Monarchie, que les Ministres du Prince jugent eux-mêmes les affaires contentieuses ; par la raison tirée de *Machiavel*, que les Ministres ne pouvant être qu'en très petit nombre, *peu sont corrompus par peu*. Il suit de là, à plus forte raison, qu'on ne doit point souffrir un Magistrat unique dans un Etat, à cause de l'abus énorme qu'il feroit de son pouvoir, quand une fois il se seroit laissé corrompre.

4°. De quelques Loix particuliéres. Je n'entrerai pas dans un long détail ; les Loix sont si multipliées, qu'on ne finiroit point, si on vouloit les rapporter toutes. C'est ici la partie la plus étendue de l'Ouvrage dont je rends compte ; mais ce n'est pas la plus intéressante pour la plûpart des Lecteurs. Je ne ferai donc, en parcourant ce Livre, que m'arrêter aux endroits qui me paroîtront les plus curieux.

Le premier, sur lequel je tombe, regarde les Loix du Mariage : une des principales parmi nous, c'est qu'un mari ne puisse avoir qu'une femme, & qu'une femme n'ait qu'un mari. Il y a d'autres Pays où où il eſt permis d'avoir autant de femmes qu'on en peut nourrir, & d'autres enfin où pluſieurs hommes peuvent être les maris d'une ſeule femme. Tout cela, dit l'Auteur, *eſt une affaire de calcul*, & dépend de la nature du climat où ces différentes Loix ſont établies. Par exemple, dans les Pays où il naît autant de garçons que de filles, il eſt clair que la Polygamie doit être défendue : ſans cela, tandis qu'un homme auroit pluſieurs femmes, les autres ſeroient obligés de s'en paſſer, ce qui ſeroit contre l'ordre. C'eſt donc une très-bonne Loi dans ces Pays-là, de réduire chaque homme à une femme ſeulement.

„ Suivant les calculs que l'on fait en „ divers endroits de l'Europe, il y naît „ plus de garçons que de filles; au con- „ traire, les relations de l'Aſie nous di- „ ſent qu'il y naît beaucoup plus de filles „ que de garçons. La Loi d'une ſeule „ femme en Europe, & celle qui en per- „ met pluſieurs en Aſie, ont donc un cer- „ tain rapport avec le climat.

Les climats froids de l'Aſie produiſent plus de garçons que de filles; auſſi dans ces Pays-là les femmes ont-elles le privilége d'avoir pluſieurs maris, tandis que la la Loi ne permet aux hommes qu'une ſeule femme.

La même choſe ſe pratique ſur la côte du Malabar, mais pour une autre raiſon. „ Les Naïres ſont la caſte des No„bles, qui ſont les Soldats de toutes ces „Nations. En Europe on empêche les „Soldats de ſe marier ; dans le Malabar „où le climat exige davantage, on s'eſt „contenté de leur rendre le mariage auſſi „peu embarraſſant qu'il eſt poſſible ; on „a donné une femme à pluſieurs hom„mes ; ce qui diminue d'autant l'attache„ment pour une famille & les ſoins du „ménage ; & laiſſe à ces gens l'eſprit mi„litaire.

Les Loix qui réglent la continence publique dépendent autant du climat, que celles qui concernent le Mariage. Ces Loix, ſelon l'Auteur, ne peuvent être par tout les mêmes, parce qu'elles doivent toujours avoir un certain rapport avec la façon de penſer de chaque Peuple, & que, dans ſon ſentiment encore, cette façon de penſer différe ſelon les climats. Dans les Pays froids, par exemple, où les paſſions ſont plus calmes, l'imagination plus lente, il y a mille choſes qu'on ne regarde pas comme fort dangereuſes pour les

les mœurs, & qui, dans des Pays où la chaleur du climat rend l'imagination plus vive, passeroient pour de grands crimes; c'est à quoi les Loix doivent avoir égard; & c'est aussi ce que l'Auteur a remarqué de nos Péres, les Anciens Germains. Ils habitoient un Pays froid, & où par conséquent les passions étoient tranquilles. „ Leurs Loix ne trouvoient dans les cho„ ses que ce qu'elles voyoient, & n'ima„ ginoient rien de plus; & comme elles „ jugeoient des insultes faites aux hom„ mes par la grandeur des blessures, el» les ne mettoient pas plus de rafinement » dans les offenses faites aux femmes. La » Loi des Allemands est là-dessus fort sin» guliére. Si l'on découvre une femme à » la tête, on payera une amende de dix » sols; autant si c'est à la jambe jusqu'au » genou; le double depuis le genou. Il » semble que la Loi mesuroit les outra» ges faits à la personne des femmes, com» me on mesure une figure de Géométrie; » elle ne punissoit point le crime de l'ima» gination, elle punissoit celui des yeux. « Ces mêmes Peuples vinrent ensuite respirer un air plus chaud dans les climats d'Espagne sous le nom de Visigoths; la chaleur du Pays leur mit le sang en mouvement,

leurs

leurs passions acquirent plus de vivacité, leur imagination s'alluma; celle des Législateurs s'échauffa de même, jusques-là qu'ils firent une Loi qui défendoit aux Médecins de saigner une femme, à moins que ce ne fut en présence de son pére, de sa mére, ou de quelques-uns de ses parens.

Je pourrois encore rapporter ici une infinité d'autres Loix que je trouve dispersées çà & là dans ce Livre sur quantité de points differens; mais je sens qu'il est tems de finir un Extrait que bien des gens ne trouveront déja que trop long, & que j'aurois dû peut-être abréger de moitié. Plusieurs personnes m'ont blâmé d'avoir si fort insisté sur cette critique, & de m'être un peu trop appliqué à faire connoître des défauts dont on ne s'étoit presque point apperçû. Vous deviez, m'a-t'on dit, ménager un peu plus un Ouvrage, dont l'Auteur est un homme d'un mérite si distingué; un homme aimé & estimé de tout le monde, & dont on ne sçauroit dire trop de bien. Je ne sçavois pas que la qualité d'honnête, homme, d'homme aimable dans un Ecrivain, dût mettre ses Ecrits à l'abri de la critique. Il suit de là, que toutes les fois que l'on critique un Ouvrage, on donne atteinte à la probité &

à la réputation de celui qui en eſt l'Auteur. Cela n'eſt-il pas pitoyable ? J'avoue que ſi j'avois entrepris de rendre compte des qualités eſtimables de M. de M. un Livre entier, quelque gros qu'il eût été, n'auroit pas ſuffi, pour en parler d'une maniére qui ne laiſſât rien à déſirer au Public ; perſonne ne pouſſe plus loin que moi la juſte admiration que ſon mérite perſonnel & ſes ingénieux Ecrits ont inſpirée à toute l'Europe. J'ai fait voir à chaque page de cet Extrait ma façon de penſer à cet égard ; & malgré tous les défauts que je reprends dans l'Ouvrage dont je rends compte ; j'oſe dire néanmoins que perſonne n'en a mieux fait ſentir les beautés ; & que tout ce qu'il y a de meilleur dans tout le Livre, ſe trouve exactement renfermé dans cette brochure. C'eſt la Juſtice toute pure, & non les qualités de l'Auteur, qui m'a engagé à en uſer de la ſorte ; comme ces mêmes qualités ne m'ont pas non plus fermé les yeux ſur ce que j'ai trouvé de répréhenſible dans cet Ouvrage. Mais finiſſons & voyons quel rapport a le Commerce avec le Climat & le Gouvernement.

On diſtingue dans ce Livre deux ſortes de Commerce ; l'un eſt fondé ſur le luxe,

luxe, & l'autre sur l'économie. Le premier a pour objet unique de procurer à la Nation qui le fait, tout ce qui peut servir à son orgueil, à ses délices & à ses fantaisies. Le second, au contraire, se contente de tirer d'une Nation de quoi fournir aux besoins d'une autre.

L'Auteur prétend que le Commerce fondé sur le luxe convient plus particuliérement au Gouvernement Monarchique; au lieu que le Gouvernement Républicain, selon lui, s'accorde davantage avec le Commerce d'économie.

On a vû dans l'Article second de cet extrait, que l'Auteur de *l'Esprit des Loix* regarde le luxe comme une chose aussi nécessaire dans les Monarchies, qu'il le croit pernicieux dans les Républiques. Il n'est donc pas étonnant, qu'il admette dans le premier de ces deux Gouvernemens, & qu'il rejette de l'autre un Commerce, dont le luxe est la base. Mais comme j'ai fait voir aussi dans le même endroit, que ses principes sont fort douteux, je n'insisterai pas davantage sur l'incertitude des conséquences qu'il en tire.

Voici une autre raison qu'il apporte, pour prouver que dans un Etat Monarchique, on ne peut point faire le Commerce d'économie. » Comme ce Commerce n'est fondé que sur la pratique » de gagner peu, & même de gagner » moins qu'aucúne autre Nation, & de ne » se dédommager qu'en gagnant continuellement, il n'est guére possible qu'il puisse être fait par un Peuple chez qui le » luxe est établi, qui dépense beaucoup, » & qui ne voit que de grands objets. » En effet il faudroit supposer que chaque » particulier dans cet Etat, & tout l'Etat même eussent toujours la tête pleine de grands projets, & cette même tête remplie de petits, ce qui est contradictoire.

Cette raison est bien singuliére! Et l'on demande à M. de M. pourquoi il faudroit supposer pareille chose? Quoi! dans une Monarchie où il y aura vingt-millions d'Habitans, par exemple, il ne s'en trouvera pas assez pour faire le Commerce d'économie & celui du luxe en même tems? Il ne pourra pas arriver que les uns se contentent de gagner peu, tandis que d'autres chercheront à gagner davantage; que ceux-ci forment de grandes entreprises, tandis que les autres ne seront occupés que de petits objets? Et il il sera nécessaire enfin que chaque particulier ait la tête pleine de grandes & de petites choses tout à la fois? Cela ne se conçoit pas. D'ailleurs où l'Auteur a-t'il pris que le Commmerce de luxe demande de plus grandes entreprises que l'autre? Ce n'est pas la qualité des marchandises, c'est leur quantité qui fait les plus grands projets ; & un Négociant qui entreprendroit de fournir à une Nation toutes les choses nécessaires à la vie, formeroit une plus grande entreprise, que celui qui ne lui procureroit qu'une partie de ce qui peut contribuer à ses plaisirs, à ses fantaisies, à son orgueil. En un mot celui qui feroit le Commerce d'économie, dans cette supposition, seroit occupé de plus grands objets, que l'autre qui feroit le Commerce de luxe.

De tout ceci je conclus que le Commerce d'économie appartient autant aux Monarchies qu'aux Républiques; & que l'Auteur voit des contradictions où il n'y en a point Mais moi j'en trouve une bien sensible dans les paroles qui suivent, comparées avec celles que je viens de citer.

„Ce n'est pas, dit M. de M. que dans

„ ces Etats qui ſubſiſtent par le Commer-
„ ce d'économie, on ne faſſe auſſi les
„ plus grandes entrepriſes, & que l'on n'y
„ ait une hardieſſe, qui ne ſe trouve pas
„ dans les Monarchies. En voici la rai-
„ ſon. Un Commerce mène à l'autre;
„ le petit au médiocre, le médiocre au
„ grand, & celui qui a eu tant d'envie
„ de gagner peu, ſe met dans une ſitua-
„ tion, où il n'en a pas moins de gagner
„ beaucoup. De plus, les grandes entre-
„ priſes des Négocians ſont toujours né-
„ ceſſairement mêlées avec les affaires pu-
„ bliques. Mais dans les Monarchies les
» affaires publiques ſont auſſi ſuſpectes aux
» Marchands, qu'elles leur paroiſſent ſûres
» dans les Etats libres. *Les grandes en-*
» *trepriſes de Commerce ne ſont donc pas*
» *pour les Monarchies, mais pour les Etats*
» *Républicains.* « Ainſi, ſelon l'Auteur de *l'Eſprit des Loix*, tantôt l'Etat Républicain eſt le plus propre à faire le Commerce d'économie, & on n'y a pas la tête remplie de ſi grands projets que dans les Etats Monarchiques; & tantôt les grandes entrepriſes de Commerce ne ſont pas pour les Monarchies, mais pour les Républiques. Peut-on ſe contredire plus manifeſtement, & cela dans la même page?

ge? Un homme qui dit que le luxe est la perte des Républiques, & le soutien des Monarchies; & qui ajoute que le Commerce fondé sur le luxe demande de plus grandes entreprises que le Commerce d'économie, devroit conclure, ce me semble, que les grandes entreprises de Commerce sont plûtôt pour les Etats Monarchiques, que pour les Républicains; mais il fait tout le contraire actuellement; & sans se souvenir des principes qu'il avoit posés d'abord, il en établit d'autres, d'où il tire une conséquence contradictoirement opposée aux premiers.

Mais quels sont ces autres principes qu'il établit? C'est, dit-il, „ que la plus „ grande certitude de sa propriété que l'on „ croit avoir dans les Etats Républicains, „ fait tout entreprendre, & parce que l'on „ est sûr de ce que l'on a acquis, on ose „ l'exposer pour acquerir davantage. On „ ne court de risque, que sur les moyens „ d'acquerir.

Je laisse aux Lecteurs à juger si ceux qui font le Commerce en France, en Angleterre, en Suéde, en Dannemark, y sont moins assurés de la propriété de leurs biens, que s'ils étoient à Genes ou à Venise; & si c'est la crainte de perdre ce que l'on gagne, qui empêche qu'on ne fasse de si grandes entreprises en Espagne qu'en Hollande. Je conviens, avec l'Auteur, que dans les Etats despotiques, où le Prince est Maître des biens de ses Sujets, il y auroit à craindre que les richesses des particuliers ne fussent bien-tôt englouties dans le trésor du Despote. Mais on ne voit point que des biens justement acquis par le Commerce dans les Monarchies deviennent jamais la proye du Souverain. Du tems même du sistême, ce ne sont point les Commerçans qui ont souffert les plus grandes pertes.

Je ne veux pas entrer dans un plus long examen; il suffit d'avertir ici que cette partie de l'Ouvrage de *l'Esprit des Loix*, dénote une grande profondeur de génie, & qu'elle n'est pas traitée par-tout avec aussi peu de soin que l'endroit que j'ai cité.

Il me reste à dire un mot du Climat. Les peuples du Midi sont moins propres à faire le Commerce que ceux du Nord. L'Auteur en donne deux raisons. Premiérement, la trop grande chaleur les rend paresseux. En second lieu, la fertilité du Climat qu'ils habitent, leur fournit toutes les choses nécessaires à la vie: il suit de là, qu'ils n'ont que très peu de be-

besoins, & que leur paresse les rend peu empressés à les satisfaire ; il suit par conséquent qu'ils doivent peu aimer le Commerce. Il n'en est pas de même des peuples du Nord ; le froid les rend actifs & laborieux ; la nature d'ailleurs leur donne peu, & leur demande beaucoup ; ils ont plus de besoins à satisfaire ; & par conséquent ils sont plus obligés de travailler, de commercer, pour se procurer ce que le Climat leur refuse.

Pour peu que l'on considére ce qui se passe dans le Nord & dans le Midi de l'Europe, on sentira toujours de plus en plus la vérité de ce raisonnement. Mais pour peu que l'on fasse attention à certains principes de l'Auteur, on s'appercevra de plus en plus aussi combien il est contraire à lui-même. Il avoit dit ailleurs, que le despotisme ne pouvoit subsister qne dans les Pays chauds ; que le luxe étoit nécessaire dans les Etats despotiques, que les grandes entreprises de Commerce ne sont que pour les Etats où régne le luxe. Il devoit donc dire par conséquent, que c'est dans les Pays chauds qu'on doit faire un plus grand commerce. L'expérience sans doute eût démenti cette conséquence ; mais l'Auteur du moins auroit mieux raiſonné. Voilà ce que c'eſt que de ne pas ſe ſouvenir de ce qu'on a dit ; on tombe dans des contradictions qu'on éviteroit avec un peu de mémoire, & qui font toujours beaucoup de tort au meilleur jugement.

» Je demande une grace, dit l'Auteur » dans ſa Préface, que je crains qu'on ne » m'accorde pas : c'eſt de ne pas juger par » la lecture d'un moment, d'un travail de » vingt années ; d'approuver ou de con» damner le Livre entier, & non pas » quelques phraſes. Si l'on veut chercher » le deſſein de l'Auteur, on ne le peut » bien découvrir que dans le deſſein de » l'Ouvrage.

Je déclare d'abord que je ne ſuis point du nombre de ceux qui refuſeront à l'Auteur la grace qu'il leur demande. Je ne me bornerai pas à condamner quelques phraſes ſeulement ; c'eſt le corps entier du Livre que je déſapprouve. Si dans un Ecrit on n'avoit égard qu'aux phraſes, qu'aux morceaux détachés, jamais Livre, j'oſe le dire, n'auroit mieux mérité les éloges, l'admiration générale du Public que celui-ci ; il eſt rempli d'une infinité de traits, qui, pris chacun ſéparément, dénotent le plus grand génie, & qui, réunis en-

ensemble, auroient pû faire, peut-être, de cet Ouvrage décousu, un Livre admirable, si on l'eût intitulé simplement, *Recueil de pensées détachées.* Mais de nous le donner comme un tout bien assorti, comme un composé parfait, dont toutes les parties ont entr'elles un rapport direct & nécessaire; de prétendre qu'elles forment une chaîne continue, dont les anneaux tiennent les uns aux autres sans aucune interruption; c'est ce dont personne ne s'est encore apperçu. Ce n'est donc point daus le dessein de l'Ouvrage, qu'on doit chercher le dessein de l'Auteur; il est certain qu'on ne l'y trouveroit jamais, dût-on lire ce Livre pendant autant d'années qu'on en a employées à le faire. M. de M. lui-même convient qu'il y travailla d'abord fort long-tems *sans former de dessein*; si son dessein est venu après, c'est ce qu'il doit sçavoir mieux qu'un autre; toujours est-il du moins certain qu'il ne s'est point assez appliqué à le faire connoître. D'ailleurs, il est bien difficile que des choses faites sans dessein puissent avoir entr'elles aucune sorte de liaison. Quoiqu'il en soit, je n'y en vois point, & je le dis d'autant plus hardiment, que je n'ai encore trouvé personne qui se soit formé

formé une idée exacte de ce Livre. J'admire, avec tout le monde, l'érudition prodigieuse dont cet Ouvrage est chargé ; mais je soutiens que si on vouloit bien approfondir tous les traits historiques, qui, par leur nombre, éblouissent les Lecteurs, on en trouveroit beaucoup qui ne s'accordent pas tout-à-fait avec la vérité de l'Histoire. Je prens ici le premier qui me tombe sous la main. En parlant de l'obéissance que les peuples doivent au Souverain dans les différens Gouvernemens, l'Auteur dit, dans le premier Tome de son Ouvrage, Livre III. Chapitre X. » qu'en Perse, lorsque le Roi a condamné » né quelqu'un, on ne peut plus lui en » parler, ni demander grace. Cette ma» niére de penser, ajoute-t'il, y a été de » tout tems ; l'ordre que donna Assuerus » d'exterminer les Juifs ne pouvant être » *révoqué*, on prit le parti de leur donner » la permission de se défendre.

Sur ces paroles on croiroit véritablement qu'Assuerus ne *révoqua* point l'Edit qu'il avoit porté contre les Juifs ; mais qu'il se contenta de leur permettre de se défendre contre leurs ennemis. Cependant l'Ecriture dit positivement tout le contraire ; & voici ce qu'on trouve aux Cha-

Chapitres VIII. & XVI. du Livre d'Eſther. »(*a*) S'il eſt vrai que je vous » ſuis chére, dit la Reine à Aſſuerus : & » s'il vous plaît de me convaincre que » mes priéres ne vous ſont point impor» tunes, *révcqués*, je vous en ſupplie, » par de nouvelles Lettres, les ordres que » le perfide Aman, irréconciliable enne» mi de mon peuple, avoit envoyés en » votre nom dans toute l'étendue de vos » Provinces, pour y faire mourir dans un » ſeul jour tous les Juifs. « On voit d'abord par-là qu'on pouvoit parler en faveur de quelqu'un que le Roi avoit condamné, & qu'il n'étoit point défendu de demander ſa grace, ainſi que l'Auteur l'a avancé. Mais ce n'eſt pas encore là tout : & voici quelque choſe de plus fort contre M. de M.

Aſſuérus eut égard à la demande de la Reine, & il *révoqua* ſa premiére Ordonnance par un nouvel Edit. Cet Edit eſt rapporté fort au long au Chapitre XVI. du

(*a*) Si placet Regi, & ſi inveni gratiam in oculis ejus, & deprecatio mea non ei videtur eſſe contraria, obſecro, ut novis Epiſtolis veteres Aman litteræ, inſidiatoris & hoſtis Judæorum, quibus eos in cunctis Regis Provinciis perire præceperat, corrigantur. *Eſther.* Cap. VIII.

du Livre d'Esther, & le Prince y dit expressément : (*a*) » Notre intention est, » que les Lettres obtenues par Aman contre les Juifs, & envoyées sous notre » nom à toutes nos Provinces soient regardées comme surprises & de nulle va» leur. « Quand on auroit fait ce passage tout exprès, pour l'opposer aux paroles de M. de M., on n'auroit pas pû le rendre plus contradictoire. Je veux croire, pour l'honneur du Livre dont j'ai rendu compte, que les autres traits historiques que l'Auteur rapporte, ont été puisés dans des sources plus certaines que celles qu'il a consultées pour celui-ci. Il n'avoit qu'à lire *Racine*, il auroit vû, dans la Tragédie d'Ester, que lorsque Mardochée dit au Roi:

Le péril des Juifs presse & veut un prompt secours.

Le Roi lui répond :

Oüi, je t'entens; allons par des ordres contraires
Révoquer d'un méchant les ordres sanguinaires.

Assuérus ne croyoit donc pas, comme l'Au-

(*a*) Unde eas litteras, quas sub nomine nostro ille direxerat, sciatis esse irritas. *Ibid.* Cap. XVI. Vers. 7.

Hoc edictum, quod nunc mittimus, in cunctis urbibus proponatur, ut liceat Judæis uti legibus suis. *Ibid.* Vers. 19.

l'Auteur de l'*Eſprit des Loix*, que ſes ordres fuſſent *irrévocables*.

Je crois en avoir aſſez dit pour bien faire connoître ce Livre. Je finis donc ici mes Obſervations, & laiſſe aux Lecteurs à juger dans quel rang il doit placer un Ouvrage où l'on ne trouve rien de médiocre. Les beautés qu'il renferme dénotent un très grand homme; & l'on y remarque des défauts qu'on ne paſſeroit pas à un homme ordinaire.

FIN.

CATALOGUE

De Livres qui ſe trouvent en nombre

A GENEVE,

Chez ANTOINE PHILIBERT

Libraire au Perron.

LEttre & Conſultation ſur la Societé des Franc-Maçons, *in* 12.
Lettres d'une Demoiſelle à ſon Amant 8.
Locke (Mr.) du Gouvernement Civil 12.
Conſeils à une Amie, par Madame de *Puyſieux* 8.
Les Caractéres. 8. *par la méme.*
Conſiderations ſur le Génie & les Mœurs de ce Siécle 12.
——— ſur le Commerce & la Navigation de la Grande-Bretagne, traduit de l'Anglois de Mr. *Joshuá-Gée*, par Mr. *de Monteſquiou* le Fils 12.
Hiſtoire du Parlement d'Angleterre, par Mr. l'Abbé *Raynal* 12.
——— du Stadhouderat, par le même *in* 12.
Procez contre les Jéſuites, pour ſervir de ſuite aux Cauſes Célebres 8.
Nouvelles de Litterature, des Arts & des Sciences, *feuille périodique in* 4. qui ſe diſtribue tous les quinze jours, depuis le 1er Avril 1750. à 3. Liv. de France par Souſcription pour cette Année.

www.ingramcontent.com/pod-product-compliance
Ingram Content Group UK Ltd.
Pitfield, Milton Keynes, MK11 3LW, UK
UKHW022023170726
13837UKWH00001B/369